달려라 아동 상담소 빛을 향하여

아동 학대가 멈추는 그 날까지

달려라 아동 상담소 빛을 향하여

초판 1쇄 발행 2024년 7월 30일

지은이 안도 사토시   옮긴이 강물결
펴낸이 김명희   편집 이은희   책임편집 이명희   디자인 신병근, 선주리

펴낸곳 다봄   등록 2011년 1월 15일 제2021-000136호
주소 서울시 마포구 토정로 222 한국출판콘텐츠센터 305호
전화 02-446-0120   팩스 0303-0948-0120
전자우편 dabombook@hanmail.net   인스타그램 @dabom_books

ISBN 979-11-94148-01-2 03300

HASHIRE! JIDOSODANSHO 2 HIKARINI MUKATTE
by Ando Satoshi

• 책값은 뒤표지에 있습니다.
• 잘못 만든 책은 구입하신 곳에서 교환해 드립니다.

달려라 아동 상담소
빛을 향하여

안도 사토시 지음　강물결 옮김

아 동 학 대 가 멈 추 는 그 날 까 지

다봄.

차례

등장인물 소개

사토자키 소타로 일반 행정직으로 현청(県庁 : 한국의 도청에 해당)에서 근무했으나 인사이동으로 복지 전문직을 중심으로 하는 아동 상담소에서 일하게 된다. 뜨거운 열정만 가지고 덤빈 이 직장에서 케이스워커로, 그리고 한 인간으로 성장해 간다.

다마루 마리코 사토자키와 입사 동기다. 복지 전문가로 강직하고 따뜻한 마음을 가졌다. 본청의 아동 가정과에서 열망하던 아동 상담소로 이동하여 근무하고 있다. 사토자키의 좋은 상담사이다.

니시무라 토모코 마음씨 곱고 젊은 아동 심리사이다. 바쁘고 가혹한 업무와 마주하면서도 옷차림에 신경 쓰는 멋쟁이다.

미도리카와 기리코 아동 상담소에 근무하는 복지 전문가. 다마루에게 훈련받은 실력 있는 케이스워커로 사토자키와는 천적 관계이다.

고토 사쿠라코 미도리카와의 동기이고, 역시 다마루에게 훈련받았다. 느긋한 말투와는 달리 실력파이다. 미도리카와와 함께 사토자키의 천적 2호!

하세베 과장 어떤 상황에서도 결코 당황하지 않는다. 대범함의 대명사. 사토자키를 따뜻하게 지켜봐 주는 인물이다.

시마 계장 아동 상담소의 이론적 지주와 같은 임상 심리사다. 시니컬한 태도와 말투를 지녔지만 가슴은 누구보다도 뜨겁다.

나카야마 계장 아동 상담소의 젊은 케이스워커를 지휘하는 역할을 한다. 클라이언트의 상황을 꿰뚫어 보는 날카로운 통찰력의 소유자다. 하세베 과장의 오른팔 같은 존재다.

마에야마 차장 아동 상담소 경력만 30년째인 전문가이자 여러 케이스를 경험한 아동 상담소의 만물박사다.

인사이동

　　겨울을 쉽게 보내지 못하는 차가운 공기를 느끼며 사토자키는 창밖을 멍하니 바라봤다. 조금 전까지 어슴푸레했던 동쪽 산의 능선이 보랏빛을 띤 구름을 업고 또렷하게 떠오르기 시작했다. 세상은 급격히 변해 가는데, 아침의 상쾌한 경치는 세이 쇼나곤(일본 헤이안 시대의 여성 작가)이 있던 시대와 그리 변하지 않은 게 아닐까 생각하면서 사토자키는 아침 해가 산을 넘어오기를 기다렸다. 곧 눈부신 아침 햇살이 얼굴을 비추자 그것을 신호로 사토자키는 헤어짐을 아쉬워하는 따뜻한 이불 속에서 빠져나왔다.

　　주춤주춤 주방으로 간 후, 평소보다 많은 커피콩을 갈아서 커피 메이커에 넣고 스위치를 눌렀다. 토스터에 식빵을 두 장 넣고, 잘게 썬 베이컨을 프라이팬에 볶은 후 달걀과 섞고, 소금과 후추를 살짝 뿌려 구워진 빵 사이에 넣는다. 그렇게 만든 샌드위치를 진한 커피와 함께 먹은 후 사토자키는 시계로 눈길을 줬다. 6시 반. 평소보다 훨씬 일찍 눈이 떠진 만큼 출발까지는 한 시간 반이나 여유가 있었다.

천천히 샤워를 하고 출근 준비를 갖춘 후, 사토자키는 직원록을 손에 들고 말끄러미 쳐다보았다. '대체 누가 오게 될까? 벌써 1년이 됐네…….' 하고 마음속으로 중얼거리면서 팔랑팔랑 페이지를 넘겼다.

사토자키가 격무로 피곤에 지쳐 있음에도 불구하고 평소보다 빨리 눈을 뜬 것에는 이유가 있었다. 오늘은 현청의 인사발령이 있는 날이다. 사토자키가 근무하고 있는 아동 상담소, 삼와현 중앙 어린이 가정 센터에 있어서 인사이동은 소 내 전력이 오를지 떨어질지를 좌우하는 중대한 문제다.

경험이 풍부한 복지 전문직이 늘면 전력 상승으로 이어지지만, 사토자키 같은 사무직이 오면 전력이 떨어질 뿐만 아니라, 그 신출내기를 케이스워커로 키워야 하는 시간과 노력도 필요해진다. 어린이의 생명이 걸려 있는 일을 하는 아동 상담소에 있어서 이것은 아주 커다란 문제다.

사토자키는 불안과 기대가 뒤섞인 심정으로 집을 나섰다. 운전을 하면서 작년에 있었던 인사이동에 대해 생각했다. 바라던 인사이동이 아니었던 것, 다마루가 갑자기 전화를 걸어와 소리를 질렀던 것……. 그리고 부임을 받고부터 지금까지 겪었던 고생과 감동 등 모두 극적이었다.

"별일이 다 있었네……."

사토자키는 살짝 웃음을 지었다. 지난 1년 동안 일어난 이런저런 일들이 영화를 빨리 감기한 것처럼 차례로 떠올랐다가 사라져 갔다. 괴롭고 슬픈 일도 많았다. 그러나 그런 모든 일들이 형언할 수 없는 무겁고 소중한 기억으로 사토자키의 마음속에 새겨져 있었다. 핸들을 쥔 손가락 하나하나에 힘이 들어갔다.

사무실로 들어가자 평소와 변함없는 광경이 펼쳐졌다. 아침부터 전화가 쉼 없이 울리고 있었다. 사토자키는 자리에 앉자마자 어젯밤에 있었던 마지막 면담 기록을 작성하기 시작했다. 평소라면 놀라운 속도로 기록을 이어갈 텐데, 오늘은 생각처럼 문장이 떠오르지 않았다. 역시 인사이동이 신경 쓰이는 것이다.

10시에는 총무과에 인사이동을 미리 알려 주는 내시 일람표가 메일로 온다. 기분 탓인지 사무실 전체에도 뒤숭숭한 분위기가 퍼져 있는 듯했다. 다들 평소보다 시계를 많이 본다.

"어머, 어제 있었던 면담을 이제 기록하는 거예요? 면담 내용은 그날 중에 기록하는 게 사토자키 씨 스타일 아니었어요? 말이랑 행동이 다르잖아요. 사토자키 씨이."

사토자키가 돌아보자 미도리카와가 컴퓨터 화면에 차가운 시선을 보내며 서 있었다.

"뭐예요, 거참 시끄럽네! 어제 마지막 면담은 '죽여 버릴 거야!' 하고 계속 외쳐대는 바람에 11시나 돼서야 끝났다고요. 너무 피곤하면 그날 중으로 못 쓰는 경우도 있는 거 아니에요!"

"그야 있죠. 우리 같은 평범한 사람들한테는요. 매일 면담이나 가정 방문으로 내몰리니까요. 그렇지만 면담 내용을 그날그날 기록하겠다고 한 건 우수한 사토자키 씨 본인이었다고 기억하는데요. 안 그래요, 고토 씨?"

"맞아요오. 우~수~한 사토자키 씨는 우리랑 다르게 기록을 입력하는 게 빠르다고 자랑했잖아요오. 당연히 어떤 상황에서도 반드시 해내겠지 하고 존경의 마음을 가지고 있었다고요오. 안타깝네요오."

"뭐가 존경이에요! 두 분 표정에서는 경멸이라는 두 글자밖에 안 보이는데! 방해하지 마요. 오늘은 잘 안 써져서 힘들단 말이에요."

망연한 표정으로 답하는 사토자키에게 미도리카와가 수상한 웃음을 띠며 지나가듯 말했다.

"인사이동, 신경 쓰이죠?"

"벼, 별로 신경 안 쓰이는데……."

"얼굴에 딱 쓰여 있어요, 사토자키 씨. 정말 알기 쉽다니까요."

"정말이에요오, 사토자키 씨이. 바로 얼굴에 나타난다니까요오. 꺄하하하하."

"두 사람도 신경 쓰이잖아요!"

"저언혀요. 저하고 고토 씨는 지금부터 가정 방문하러 가요. 인사이동 같은 거 신경 쓰고 있을 시간이 없다고요. 갑시다, 고토 씨."

"네에. 그럼 기록 잘하세요오, 우~수~한 사토자키 씨이."

그렇게 말한 후 두 사람은 휙 등을 돌리고는 서둘러 사무실을 나갔다.

사토자키는 마음속으로 작게 혀를 차고는, 진정이 안 되는 모습으로 다시 컴퓨터 키보드를 두드리기 시작했다. 겨우 반 정도 입력했을 때 사무실 입구 문이 열렸다. 총무과장이 인사이동표로 보이는 서류를 한 손에 들고 1층에서 올라온 것이다. 총무과장은 바로 하세베 과장의 자리로 걸어가더니 그 서류를 하세베 과장에게 넘겨 주었다.

"하세베 과장님, 인사이동 내시 일람표예요."

"고맙습니다."

하세베 과장은 인사이동표를 쓱 훑어보더니 만족스러운 웃음을 지었다. 그리고 두 장을 복사한 후에 소장실과 차장실에 한 부씩 전달하고, 그길로 싱글싱글 웃으며 사토자키 자리로 찾아왔다.

"짝꿍이 왔네."

그렇게 말하고는 내시 일람표를 사토자키의 책상에 놓았다. 사토자키는 황급히 그것을 훑어보았다.

　　"어!"

　　사토자키가 너무 큰 소리를 내서 주위의 직원들이 사토자키의 자리로 몰려왔다. 인사이동표에는 '다마루 마리코'의 이름이 선명하게 인쇄되어 있었다.

　　"호오, 두목이 돌아오는 건가."

　　시마 계장이 기쁜 듯이 말했다.

　　"사토자키 씨, 이제 정신 바짝 차리지 않으면 큰일 나."

　　나카야마 계장이 놀리듯 말하면서 사토자키의 어깨를 두드렸다.

　　여기서 다마루와 함께 일하는 건가……. 사토자키는 다마루의 웃는 얼굴을 떠올렸다. 아주 기분이 좋기도 한편으로는 든든하기도 했지만, 몸을 조이는 듯한 긴장감도 느껴졌다. 제대로 해야지. 사토자키는 스스로 기합을 넣고는 허리를 펴서 자세를 바르게 하고 키보드를 두드리기 시작했다. 아까와는 전혀 다르게 키보드를 두드리는 손가락이 피아노를 연주하듯 가볍게 문장을 이어갔다.

　　기록을 끝낸 후, 사토자키는 방임 사례 가정을 방문하기 위해 공용 주차장으로 향했다.

　　주차장 옆의 화단에는 3월 말의 투명한 햇살 아래에서 개나리가 작고 노란 꽃을 줄기 가득 피우고 따뜻함을 더한 봄바람과 춤추고 있었다.

얼마 전까지는 잎을 잃고 추워 보이는 줄기만이 바람에 흔들리고 있었는데, 마치 미다스 왕이 손을 댄 것처럼 온몸을 노랗게 물들인 모습은 사토자키에게 생명의 강함을 실감하게 하는 아름다움이었다. 사토자키는 한동안 그 아름다움을 넋을 잃고 바라보고 있었다. 마음이 편해지고 안정되어 가는 것을 느낄 수 있었다.

학대 대응의 나날을 보내다 보면, 눈앞에서 반복되는 비일상적인 사건들이 세상의 일상인 것처럼 느껴질 때가 있다. 그럴 때 사토자키는 막연한 불안에 휩싸여 가슴이 꽉 막힌 것처럼 답답함을 느꼈다. 그런데 봄바람에 흔들리는 아름다운 개나리꽃은 평화로운 일상이 넘치고 있다는 것을 사토자키에게 알려 주기라도 하듯 상냥하게 말을 걸어왔다. 사토자키는 화려하게 빛나는 노란 꽃들에 힘을 얻고는 가볍게 웃은 후 새로운 마음으로 가정 방문을 하기 위해 이동했다.

본청 각 과도 인사이동표가 배부되자 술렁이기 시작했다. 자신의 이름이 있는지 없는지, 바라던 인사인지 아닌지, 여러 생각이 실내에 뒤섞여 있었다.

다마루는 인사이동표에 자신의 이름이 있는 것을 확인하고는 만족스러운 표정을 지으며 과장에게로 갔다.

"과장님, 감사합니다. 제 부탁을 들어주셔서요."

"뭐가 부탁을 들어줘서야. 뭐 말을 들어 먹지를 않으니 어쩔 수 있나. 네가 빠지면 우리도 손실이 크다고. 안타까운 심정으로 아상(아동 상담소를 줄여서 부르는 말)에 보낸다는 걸 알아 둬. 제대로 안 하면 안 봐줄 거니까."

"네. 무리한 부탁을 드려서 죄송합니다. 앞으로 열심히 하겠습니다."

다마루는 과장에게 인사를 하고 자리로 돌아와 후임에게 전해 줄 인계서를 작성하기 시작했다.

복지 전문가인 다마루에게 있어서 사무직 업무가 많은 아동 가정과는 어울리지 않는 장소였다.

무엇보다 아동 상담소의 주관 과인 아동 가정과에서조차 현장의 실정을 거의 모른다는 것에 큰 충격을 받았다. 위기감을 느낀 다마루는 절대 포기하지 않고 현장의 상황을 하나하나 주위에 설명하면서, 사무 내용과 예산 배분의 적정화에 힘썼다. 또한 국가 보조금 교부 신청과 시 · 정 · 촌(일본 행정 구획의 명칭, 한국의 시 · 읍 · 면과 비슷함) 보조금 교부 결정 사무, 의회에서 질문이 나왔을 때의 답변서 작성 같은 비정기적인 사무도 해냈다. 그리고 초가을부터는 재무과의 예산 담당자를 상대로 예산 확보를 위한 교섭을 벌였다.

이렇게 사무직이 1년간 일상적으로 해내는 업무는 대량의 자료 만들기와 회의의 반복으로 구성되어 있다. 다마루는 그런 사무직 업무도 빈틈없이 처리해서 주위의 신뢰가 두터웠지만 어째서인지 보람은 느낄 수 없었다.

무엇보다 사토자키가 중앙 어린이 가정 센터로 이동하면서 여러 상담을 해 주게 되자 자신이 삶을 불태울 곳은 여기가 아니라는 생각이 자꾸 들었다. 아동 상담소로 가고 싶다는 생각은 점점 강해졌고, 틈만 나면 과장에게 아동 상담소로의 이동을 요청했다. 그리고 드디어 오늘, 인사이동표에 자신의 이름을 올리게 된 것이다.

잠들어 있던 뜨거운 열정이 가슴 가득 차오르는 게 느껴졌다. 2년 만의 현장인가. 드디어 돌아간다.

지난 2년 동안 꽤 바빠진 것 같던데, 힘들겠지. 아무튼 제대로 가르쳐야 할 녀석이 하나 있으니 힘내서 가 볼까. 다마루는 살짝 웃음을 지으며 크게 심호흡을 했다.

파트너

사토자키는 아침부터 평소답지 않게 거울 앞에 서서 넥타이를 반듯이 매고, 재킷에 팔을 꿴 후 옷깃에 손을 얹어 옷매무시를 가다듬었다.

"오늘부터 함께인가."

사토자키는 거울에 비친 자기 모습을 보면서 숨을 내쉬듯 조용히 중얼거리고는 현관문을 열었다. 투명한 봄의 햇살과 포근하고 맑은 바람이 불어왔다. 둑의 큰 벚나무에는 아직 꽃이 반도 피지 않았다. 1년 전, 불안이 뒤섞인 마음으로 같은 풍경을 봤던 기억이 떠올라 감회가 새로웠다. 사토자키는 아침 햇살이 비친 벚꽃을 올려다보며 천천히 차로 발을 옮겼다.

사무소에 도착해 익숙해진 어두운 계단을 오르기 시작하자 어쩐지 심장이 쿵쿵 뛰는 게 느껴졌다. 사무소의 풍경이나 분위기가 평소와 달라 보이는 것 같았다.

계단을 다 오르자, 입구의 유리문을 통해서 생각지도 못한 광경이 사토자키의 눈에 들어왔다.

미도리카와와 고토가 이제껏 보인 적 없는 불안한 얼굴을 하고 하세베 과장 자리 쪽을 보고 있었다. 그때 유리문을 넘어 사토자키의 귀에도 들릴 정도로 커다란 목소리가 울려 퍼졌다.

"어째서요! 납득할 수 없습니다!"

귀에 익은 목소리였다. 사토자키는 서둘러 입구로 걸어가서 조심스럽게 문을 열었다. 미도리카와와 고토는 힐끗 사토자키 쪽을 봤지만 바로 시선을 원래 자리로 돌렸다.

"왜 제가 아동 심리사냐고요! 케이스워커 시켜 주세요!"

"안 돼요. 다마루 씨는 아동 심리사를 할 거예요."

다마루가 하세베 과장에게 거세게 항의하는 모습이 보였다.

"무슨 일이에요?"

사토자키가 작은 목소리로 미도리카와에게 묻자, 미도리카와는 울 것 같은 얼굴로 사토자키 쪽을 보더니 바로 다마루의 등을 뚫어지게 쳐다보았다. 사토자키는 어쩔 수 없이 한동안 조용히 상황을 살펴보기로 했다.

"저는 케이스워커를 하고 싶어서 돌아온 거예요. 과장님도 그걸 아시잖아요!"

"물론 알지. 그런데 다마루 씨는 사회 복지직이잖아. 앞으로 아상을 책임져야 할 사람인데 케이스워커만 하고 있을 순 없잖아요. 검사에도 익숙해져서 시야를 넓혀요."

"그러면 내년부터 심리사 할 테니까 올해는 케이스워커 시켜주세요."

"아니! 다마루 씨는 판정계로 배속됐어요. 이건 이미 결정 난 거예요."

"아 정말……."

다마루는 입술을 꽉 깨물고 판정계 자리로 갔다. 책상 위에 올려진 다마루의 손은 주먹을 꽉 쥐고 있었다. 온몸에서 분함이 불꽃처럼 피어오르는 듯했다.

사토자키는 다마루에게 다가가서 조용히 말을 걸었다.

"중요한 거 아닐까, 일의 폭을 넓히는 건. 그 편이……."

"시끄러워. 네가 뭘 알아."

사토자키의 말을 잘라 버리듯이 다마루는 짜증 섞인 낮은 목소리를 남기고 사무실을 나갔다.

"도대체! 사토자키 씨가 뭘 알아요!"

"맞아요오. 뭘 알아요오."

미도리카와와 고토도 사토자키에게 그렇게 말하고는 바로 다마루의 뒤를 따라갔다.

"뭐야, 다들 왜 저래!"

사토자키는 분한 표정으로 거세게 말을 내뱉었다.

하세베 과장이 쓴웃음을 지으며 사토자키에게 다가왔다.

"미안해요, 사토자키 씨. 분풀이 상대가 됐네."

"과장님, 다마루한테 아동 심리사 업무를 시키시는 건가요? 워커 쪽이 더 잘 맞지 않는지……."

"그럴지도 모르지만, 다마루 씨는 사회 복지직이니까 양쪽 다 전문가가 돼야 해요. 양쪽 다 해 보고 나서야 비로소 보이는 것들이 많을 거야. 다마루 씨한테는 사토자키 씨 담당 지역을 부탁했으니까 사이좋게 지내요."

"네? 다마루하고 한 팀으로 일하라고요?"

"응. 올해부터 사토자키 씨의 파트너니까 잘해 봐요."

하세베 과장은 사토자키에게 있어서 엄청나게 중요한 일을 놀랄 정도로 가볍게 전하고는 아무 일도 없었다는 듯이 자리로 돌아가 버렸다.

"다마루가 내 파트너라니……, 어째 불안한데."

사토자키는 약간의 불안을 느끼면서 천천히 자신의 자리로 향했다.

2, 3분 정도 지나자 다마루가 미도리카와와 고토를 거느리고 사무실로 돌아왔다. 사토자키는 다마루와 얼굴을 마주치지 않으려고 컴퓨터 화면을 응시하고 있었지만, 발소리가 자신을 향해 다가오는 것은 느끼고 있었다.

"아까는 미안. 감정이 너무 격해져서……."

다마루가 겸연쩍은 표정으로 사토자키를 내려다보며 말했다. 사토자키는 다마루의 얼굴을 아무 말 없이 바라보았다.

"뭐야, 뭔데 아무 말이 없어?"

"아니……, 네가 솔직하게 사과하는 일도 있구나 싶어서."

"너무하네, 이런 사람이 올해의 파트너인가 생각하니 우울해지는데."

다마루는 오른쪽 눈을 조금 가늘게 뜨면서 나른해 보이는 낮은 목소리로 불만을 표했다.

"그건 내가 할 말이지!"

"흥, 좋으면서. 바아보. 어쨌든 1년 동안 잘 부탁해."

다마루의 표정에는 분함이 사라지고 투지가 떠올랐다. 역시 전환이 빠르다. 사토자키는 경의의 마음으로 중얼거렸다.

다마루는 자리로 돌아가서 WISC IV(아동 지능 검사 4판) 검사 용지를 서랍에서 꺼내 공부를 시작했다. 사토자키는 그런 다마루의 모습을 잠시 바라보았다. '저 시즈카 고젠(일본 헤이안 시대 말부터 가마쿠라 시대 초까지 살았던 시라뵤시라고 하는 여성 무용수로 남장을 하고 춤을 췄다)이 올해 나와 함께 일할 사람인가……' 하면서 더 기합을 넣지 않으면 안 되겠다고 생각했다. 사토자키는 믿음직한 파트너를 보며 크게 심호흡을 했다.

이렇게 새로운 한 해는 작은 파란과 함께 막이 열렸다.

귀신

다음 날 아침, 사토자키가 사무실 문을 열고 들어가자 아무 일도 없었던 것처럼 책상에 앉아 있는 다마루의 얼굴이 보였다. 그 표정은 스위치 전환이 완전히 끝났음을 말하고 있었다. 사토자키는 커피를 두 잔 타서 한 잔은 다마루에게 주었다.

"뭐야? 미리 말해 두겠는데 나 괜찮거든!"

"알아. 너는 내가 하는 일마다 마음에 안 드냐?"

"그런 거 아냐…… 너답지 않은 짓을 하니까 그렇지."

"무슨 그런 말씀을! 배려하면 사토자키인 거 몰라?"

미도리카와가 미간에 주름을 만들며 질렸다는 얼굴로 대화에 끼어들었다.

"어디가 배려하면 사토자키예요? 눈에 거슬리는 사토자키겠죠."

"꺄하하하하하. 미도리카와 씨이, 사토자키 씨가 불쌍하잖아요오. 도움이 안 되는 사토자키 정도로만 해 두세요오."

미도리카와의 말에 즉시 고토가 반응했다.

사토자키는 작년보다도 적의 공격력이 현격히 올랐다는 것을 느꼈다. 심지어 올해는 우수한 사령관도 부임해 왔다. 통제된 공격이 이루어질 것은 불을 보듯 뻔했다. 골치 아프게 됐네…….사토자키는 실실 웃고 있는 고토의 얼굴을 보며 마음속으로 생각했다.

"다마루, 조만간 관리하는 지역에 있는 학교를 돌아보려고 하는데, 시간 괜찮아?"

사토자키는 세 명이 하는 공격이 길어지기 전에 화제를 일로 돌렸다.

"그런 거라면 빠른 편이 좋겠지만, 다음 주는 어때? 아직 봄 방학 중이지? 기왕 가는 거면 어린이들 모습도 볼 수 있는 편이 좋지 않아?"

"그것도 그러네. 그럼 다음 주로 할까? 가정에 복귀한 학대 사례를 관찰하고 있는 학교를 중심으로 돌까 생각하고 있어. 사례 파일 좀 쭉 훑어봐 줄래?"

"알겠어. 파일은 내 책상에 좀 갖다 놓아 줘."

"알았어. 정리해서 갖다 놓을게. 잘 부탁해."

다마루는 빙긋 웃으며 아무 말 없이 고개를 끄덕였다.

1주일 후, 둘은 아침부터 담당 학교를 방문하기 위해 이동했다. 사토자키는 첫 방문지인 아오야마 초등학교로 차를 몰았다.

교문 양쪽에는 얼마 전 신입생을 맞이했을 멋진 벚나무가 봄의 기쁨을 전신으로 나타내는 듯 꽃을 활짝 피우고 있었다. 힘차게 뻗은 가지는 교문 위에서 겹쳐져 아름답고 화려한 분홍빛 아치를 만들고 있었다.

"예쁘다……."

다마루가 넋을 잃고 벚꽃이 만든 아치를 올려다보며 말했다.

다마루의 말에 이끌려 사토자키도 벚꽃이 만든 아치를 올려다보고 있으니, '그린슬리브즈(Greensleeves)'를 합창하는 어린이들의 가벼운 노랫소리가 바람을 타고 꽃들을 흔들며 춤추듯 내려왔다. 사람들에게 행복을 전해 주는 귀여운 천사들의 모습이 노랫소리로 전해졌다. 사토자키는 그 귀여운 천사들의 모습을, 오른쪽으로 왼쪽으로 흔들리며 떨어지는 사랑스러운 벚꽃잎 속에서 발견했다.

화창한 봄날이었다.

이렇게 평화로워 보이는 학교도 학대 사례 관찰 대상이라고 생각하니 사토자키는 마음이 조금 무거워졌다.

사토자키가 문기둥에 설치된 인터폰을 누르자 교감이 응답하고, 정문 옆에 있는 작은 문을 열어 주었다. 사토자키는 익숙한 발놀림으로 교장실로 향했다.

교장실로 향하는 복도에서는 운동장이 보인다. 저학년으로 보이는 어린이들이 홍백모자(주로 체육 시간에 쓰는 모자로 안쪽과 바깥쪽이 각각 흰색과 빨간색으로 양쪽 다 사용할 수 있다.)를 쓰고 씩씩하게 축구를 하고 있었다. 어린이들이 넓은 운동장을 좁은 듯 누비는 모습은 아주 평화로운 풍경이었다.

"안녕하세요? 실례하겠습니다."

"아이고 안녕하세요? 사토자키 씨. 여전히 바쁘십니까?"

"네, 저야 늘 그렇죠. 교장 선생님께서는 건강해 보이셔서 좋네요."

"사토자키 씨도 건강해 보이네요. 같이 오신 분은 다마루 씨?"

"안녕하세요? 처음 뵙겠습니다. 다마루라고 합니다. 잘 부탁드립니다."

"저야말로 잘 부탁드립니다. 교장인 가이라고 합니다. 우리 학교는 이상 여러분께 정말 도움을 많이 받고 있습니다. 다마루 씨한테도 여러 가지로 귀찮게 해 드릴지도 모르지만, 잘 부탁드립니다."

"실은 다마루하고 저는 입청 동기예요. 그리고 저랑은 다르게 다마루는 복지 전문가로 채용돼서 이상 일에 관해서는 저보다 훨씬 더 잘 알고 있습니다."

"그건 믿음직스럽네요."

"아닙니다. 저는 아직 햇병아리인걸요."

"무슨 또 그런 겸손의 말씀을. 사토자키 씨 모습을 보면 다마루 씨가 얼마나 대단한 사람인지 잘 알겠는데요. 게다가 그 눈, 성실함과 강한 의지가 넘치는 좋은 눈을 가지고 계시네요."

"하하하하……, 확실히 의지가 강한 건 알아준다니까요. 진짜 무서울 정도예요."

"그런 쓸데없는 말은 그만하고 본론으로 들어가!"

"보셨죠? 늘 이렇다니까요. 그럼 본론으로 들어가겠습니다. 각 사례 경과는 어떤가요?"

"좋습니다. 정말 좋아요. 모든 사례의 돌봄망이 제대로 기능하고 있으니까요. 담임이나 민생위원(주민의 생활을 보살피기 위해 일본의 지방 자치 단체가 민간인에게 위촉한 지위), 주임 아동위원, 시약소(지방공공단체인 시의 시장이나 직원이 행정 사무를 취급하는 관청) 직원의 가정 방문도 잘 받아 주고 있고요."

"그거 정말 잘됐네요."

"개별적으로 보면, 아야카는 매일 등교도 하고 있고 예전 같은 비위생적인 느낌은 전혀 없습니다. 목욕도 하는 것 같고, 냄새가 나서 신경 쓰이는 일은 없어졌어요. 담임 선생님이 가정 방문을 갔을 때는 방이 그럭저럭 깨끗했다고 하고요."

"잘됐네요."

사토자키는 진심으로 웃었다.

"생활 보장을 받은 덕분에 경제적으로 안정되기도 했고, 어머니의 우울증도 꽤 좋아진 것 같습니다. 최근에는 아르바이트로 주유소에서 일하시면서 일에 대한 의지도 생겨서 방임 상황으로 돌아갈 가능성은 낮을 것 같습니다."

"그렇다고 들었습니다. 그 어머니가 아르바이트를 하실 줄은 상상도 못 했는데요." 하고 사토자키는 기쁜 듯이 웃었다.

"유야도 가정으로 복귀하고부터 지금까지 한 번도 멍이 들어서 온 적도 없고, 표정도 밝아졌습니다. 적대적이었던 어머니도 학교 의견을 잘 들어주시고, 어머니 쪽에서도 담임 선생님께 여러 가지 상담을 해오기도 하고요. 양쪽 모두 어머니들께서 노력하고 계신 것 같아요."

"그렇군요. 우리한테도 자주 상담 연락을 주세요. 육아 문제로도 일 문제로도 신경 쓰이는 일이 있으면 바로 전화를 주시더라고요. 유야 어머니께서는 스트레스로 폭력을 쓸 것 같으면 바로 전화를 주세요. 그래서 감정 조절을 잘하게 되신 것 같아요. 많이 달라지셨다는 생각이 듭니다."

"정말 그렇네요. 유야를 직권으로 일시 보호했을 때는 어머니께서 엄청나게 무서운 얼굴을 하고는 학교로 쳐들어오셨었는데, 지금은 옛날 일이네요."

"그러게요, 그때 정말 무서웠는데 말이에요. 그때 저한테도 면담실에서 두 시간 넘게 소리를 지르셨어요."

"아야카 집도 그렇고 유야 집도 그렇고, 결국 사회와 단절되고 고립돼서 괴로웠던 거겠죠. 끊어진 실을 사토자키 씨가 정성스럽게 이어줬네요. 가정인계를 제안받았을 때는 솔직히 불안했습니다. 무슨 일이 있으면 어쩌나 싶어서요."

"어떤 사례라도 가정 복귀는 정말 걱정스럽죠."

"그래도 사토자키 씨가 많은 관계 기관을 통해 개별 사례 검토 회의를 열고, 돌봄망을 구성해 가는 모습을 보여 주셔서 정말 공부가 많이 됐습니다. 고립돼서 괴로워하던 가족을 지역 사회가 협력해서 지원하는 것이 어린이들에게 보통의 생활을 되돌려 주는 데 얼마나 중요한지를 배웠습니다."

교장이 사토자키를 얼마나 깊게 신뢰하고 있는지를 알 수 있는 모습이었다.

"아이고 무슨 그런……, 아상은 정말 조금 절차를 도울 뿐이죠. 지역 사회 지원이 없으면 우리 아상의 일은 성립이 안 되니까요."

"가정마다 제일 알맞은 관계 기관을 찾아 돌봄망을 구축해 주는 거잖아요. 그것만으로도 대단한 거죠. 예전에 사토자키 씨가 말씀하셨잖아요. 아상 케이스워커는 무슨 일이 있더라도 관계 기관과 분쟁을 일으키지 않는다고."

"네, 그건 철칙이에요. 감정적으로 반응해서 관계 기관과 싸우면 그만큼 어린이들과 가정을 지켜 줄 기관이 줄어드니까요."

"이상의 일은 인간의 힘을 시험하는 듯한 일이라는 생각이 들어요. 정말 감탄했습니다."

"말하자면 이상은 관계 기관이나 지역과 팀을 이루지 않으면 정말 어쩔 도리가 없다는 거죠."

"그런 사토자키 씨의 인품이 지역에 좋은 팀을 만들 수 있는 이유겠지요."

다마루는 사토자키와 교장의 신뢰 관계를 보고, 사토자키가 지난 1년간 많이 성장했음을 느꼈다.

학대 대응의 중심은 어린이를 일시 보호하는 것이 아니다. 물론, 어린이의 생명을 구하기 위해 일시 보호가 엄청나게 중요한 것은 말할 필요도 없다. 하지만 어린이들의 장래를 생각했을 때 정말 중요한 일은 무엇일까?

보호하고, 시설에 입소하게 하는 것일까? 유아원이나 아동 양호 시설에서의 생활에는 많은 제약이 있고 한계가 있다. 어린이들에게 지금보다 밝은 미래를 보여 주기 위해서는 어렵지만 가능한 한 가정 복귀를 시도하고, 어린이와 가족을 지역 사회에 소속되게 해서 조금이라도 평범한 생활을 할 수 있게 만들어 줘야 한다. 그것이야말로 아동 상담소가 온 힘을 다해 임해야 할 일이다.

사회와 멀어져서 괴로워하던 가정을 사회와 이어주고, 지역 사회도 그런 가정의 어려움을 이해하고 지지해 준다. 그런 팀을 지역 사회에 만들어 가는 일이야말로 아동 상담소가 하는 학대 대응의 본질이다.

사토자키는 다마루가 생각했던 것보다 그것에 대해 더 잘 이해하고 있는 것 같았다. '생각보다 잘하고 있잖아.' 다마루는 웃음을 지으며 조용히 사토자키의 옆얼굴을 바라보았다.

감회가 깊은 듯이 지켜보는 다마루를 아랑곳하지 않고, 사토자키는 교장과 대화를 이어 나갔다. 각 케이스의 현재 상황에 대한 대강의 정보 교환이 끝났다.

"감사합니다. 경과 관찰은 계속해서 잘 부탁드립니다."

"알겠습니다. 무슨 일이 있으면 바로 연락드리겠습니다."

"그 외에 무슨 신경 쓰이는 일은 없으세요? 사소한 거라도 괜찮은데……."

"음……, 뭐가 있었더라. 아, 정말 별거 아닌 이야기인데, 최근 3주 동안 묘한 소문이 돌았어요."

"묘한 소문이요?"

"네. 사토자키 씨도 아시다시피 요즘에는 어린이들도 밤늦게까지 학원에서 공부하잖아요. 그런 어린이들 몇 명이 귀신을 봤다는 말이 있었어요. 여름은 아니지만 어린이들이 좋아할 만한 괴담이어서 교내에서는 꽤 소문이 퍼졌어요."

그때까지 말을 않고 있던 다마루가 급히 입을 열었다.

"귀신이 나온다는 장소는 다 다른가요? 아니면 어딘가 정해져 있나요?"

"장소는 정해져 있습니다. 어딘가 하면, 야나기초에 무도장이 있잖아요. 그 옆에 작은 놀이터가 있는 거 아세요? 거기예요."

"아, 있네요. 아주 작은 놀이터에다가 그네랑 정글짐 정도밖에 없었던 거 같은데……."

다마루는 교장이 말한 장소를 잘 알고 있는 모습이었다.

"네, 맞습니다. 밤에 그 놀이터 근처를 지나간 어린이들이 그네를 타고 있는 여자아이 귀신을 봤다고 하더라고요. 새하얀 얼굴을 하고서 옷에는 피가 잔뜩 묻어 있었다니까 순식간에 소문이 퍼졌죠. 어린이들의 상상력은 대단하니까 지금쯤 꽤 꼬리에 꼬리를 물고 퍼지지 않았을까 싶네요."

"그렇군요. 밤중에 그 놀이터에서 여자아이 귀신이라……. 시간은 몇 시 정도였을까요?"

"봤다는 어린이들은 모두 11시가 넘어서라고 했으니까, 꽤 늦은 시간이네요. 뭘 잘못 본 건지는 모르겠지만요."

"11시가 넘어서라……. 귀신은 여자아이뿐이었나요? 엄마 귀신이라거나 다른 귀신은 없었을까요?"

"하하하하. 아이 귀신뿐입니다. 어른 귀신을 봤다는 이야기는 아직 들은 적이 없네요. 하기야 지금 소문 퍼지는 추세를 보면 언제 귀신 가족이 될지 알 수 없긴 합니다."

"하하하하……, 정말 그러네요."

사토자키는 어린이들이 좋아할 만한 말도 안 되는 이야기라는 듯이 웃으며 말했다. 하지만 다마루는 진지한 얼굴로 질문을 이어갔다.

"귀신이랑 말을 해봤거나 귀신 목소리를 들었다는 어린이는 없나요?"

"아무리 그래도 그건 무서워서 못 했던 것 같습니다. 다마루 씨는 귀신에 대해서 관심이 많으시네요."

"아뇨, 그런 건 아닌데……. 호기심이 많은 성격이라……."

사토자키는 조금 어이없어하는 모습으로 이야기에 끼어들었다.

"다마루, 이제 그만하면 됐지? 교장 선생님, 시간을 오래 뺏어서 죄송합니다. 슬슬 가 봐야겠네요. 무슨 일이 있으면 연락해 주세요. 긴급한 건은 누구한테라도 괜찮습니다."

"알겠습니다. 그럼, 사토자키 씨, 다마루 씨, 앞으로도 잘 부탁드립니다."

교장은 소중한 친구라도 되는 듯 두 사람을 현관까지 바래다주었다.

"근데 다마루, 너 혹시 귀신을 믿는 거야?"

사토자키가 조금 놀리는 듯한 말투로 다마루에게 물었다.

"전혀 안 믿어."

"그럼 어째서 재미없는 귀신 이야기를 물고 늘어진 거야?"

"안 믿으니까 물고 늘어진 거야. 어린이들한테 보인다는 건 실체가 있다는 거잖아."

"그럼 진짜 귀신을 봤다는 거야?"

"사토자키, 너 가끔 진짜 바보 같다니까. 그런 게 아니라 실제로 여자아이가 놀이터에 있었다는 거야."

"어느 집 애가 밤 11시가 넘어서 놀이터에서 노냐? 바람에 날려 온 비닐봉지라도 본 거겠지."

"밤중에, 몇 번이나, 우연히, 비닐봉지가 날아온다고? 아무래도 신경 쓰여."

"……."

둘은 아오야마 초등학교에서 나온 후, 다른 초등학교를 방문하고 점심 식사 후에 중학교 두 곳과 초등학교 한 곳을 방문했다. 어느 학교나 여러 건의 학대 사례가 가정 인수 후 경과 관찰 상태에 있어서, 둘은 이런 사례에 대해 정보를 교환했다. 마지막 초등학교 방문을 끝냈을 때는 이미 오후 4시가 넘어 있었다.

"고생 많았어. 처음 만나는 사람이 많아서 많이 지쳤지?"

"응, 생각보다 힘드네. 그래도 모든 사례에 제대로 돌봄망이 구축돼 있어서 놀랐어. 학대 대응의 핵심은 제대로 기능하는 돌봄망을 얼마나 만드는가에 달려 있으니까."

"칭찬해 주는 거야? 기록을 하면서도 제대로 봤네."

"그렇지 뭐. 솜씨 좀 볼까 했는데 의외로 열심히 한다는 걸 알고 놀랐어. 역시 지도한 사람이 훌륭하면 그다지 뛰어나지 않은 사람도 성장하는구나."

"그 지도한 사람이라는 건 너를 말하는 거야?"

"그럼 또 누가 있어."

"아, 밉상."

"곱상이겠지!"

다마루와 즐겁게 이야기를 나누던 사토자키의 표정이 조금 딱딱해졌다.

"그런데 요즘 학대 신고가 급증해서 아상은 폭발 상태야. 예전처럼 돌봄망을 구축하는 데 충분한 시간을 들이지 못하고 있어. 원래는 아상이 중심이 돼서 돌봄망을 만드는 게 기본인데, 요대협(요보호 아동대책 지구협의회)을 활용해서 시·정·촌에 돌봄망 구축 매니지먼트를 부탁하는 일도 많아. 그게 아상 케이스워커의 큰 스트레스 중의 하나야."

"아상은 본래 복지 전문기관이니까. 클라이언트하고 같이 머리를 맞대고 조금이라도 더 좋은 방법을 찾거나 만드는 일이야말로 아상 업무의 핵심인데. 케이스워커도 사실 그런 일에 온 힘을 쏟고 싶잖아. 그런데 실제로는 그렇게 못한다는 거지?"

"너무 바빠."

사토자키가 힘없이 말했다.

"학대 신고에 쫓겨서 사례 하나하나에 들일 수 있는 시간이 점점 적어지고 있어. 이 딜레마에 많은 워커가 괴로워한다는 거잖아. 학대 가정의 재통합을 제대로 시간을 들여서 하고 싶은데 끊이지 않는 학대 신고가 그걸 봐주지 않는 거지. 학대 가정에 대한 지원을 학대 신고가 막는 꼴이라니……. 무슨 이런 아이러니한 일이 다 있어."

"가택 수색을 포함해서 학대 초기 대응은 경찰이 하고, 아동을 보호한 후의 지원을 아상이 담당하게 되면 지금보다는 더 제대로 지원을 할 수 있을 것 같은데……."

사토자키는 이루어질 수 없는 소원을 말하는 것처럼 조용히 말을 내뱉었다. 그건 한숨과 닮아 있었다.

"가택 수색이나 직권에 의한 일시 보호 때문에 부모하고 부딪친 사람들이, 그다음에는 가정 재통합을 돕겠다고 하는 것 자체가 상식적으로 납득이 안 되기는 하지."

"경찰도 끊임없이 일이 밀려들면 감당하기 힘들겠지만, 아마추어인 우리가 방검조끼를 입고 가택 수색을 하는 것보다야 훨씬 말이 되는 것 같은데……."

"그러게, 우린 그냥 일반 공무원이잖아. 사실 가택 수색 가는 게 무섭긴 하지. 그 부분에 대한 역할 분담이 되면 좋을 거 같긴 한데……. 그래도 왠지 나는 조금 허전한 기분이 들어. 괴롭고 힘든 현장을 전부 알고 싶어."

"넌 정말 뼛속부터 복지직이네. 존경스러워."

"너도 거의 같은 부류야. 자각을 못 하는 것 같지만."

"나는 아직 멀었지."

"그러게, 아직 먼 것 같긴 하네. 호호호호……."

사토자키는 생글거리면서 말하는 다마루를 슬쩍 보며, 이렇게 힘든 일에도 정열적으로 힘쓰는 복지직의 강한 신념에 존경의 마음을 품었다.

생명줄

사무실로 돌아오자, 사토자키의 책상에도 다마루의 책상에도 메모가 잔뜩 붙어 있었다. 마치 인디언 추장이 머리에 쓰는 깃털 장식 같았다. 다마루는 지친 기색도 보이지 않고, 메모에 적혀 있는 전화번호로 전화를 걸기 시작했다. 사토자키는 완전히 지쳐서 커피 한 잔 정도는 마시고 싶었지만, 다마루를 보고는 똑같이 전화를 걸기 시작했다. 사토자키가 전화 통화를 한참 하고 있는데 눈앞에 하얗고 고운 손이 쓱 나타나더니 새로운 메모를 붙이고 갔다. 메모에는 '학대 신고. 자세한 건 니시무라에게'라고 예쁜 글씨로 적혀 있었다. 사토자키는 전화를 끊자마자 아동 심리사인 니시무라의 책상으로 향했다.

"니시무라 씨, 학대 신고라니 무슨 일이에요?"

"그게, 잘 모르겠어요······. 새벽에 애 우는 소리가 몇 번이나 들려서 학대가 아닌가 한다고······. 그런데 신고하신 분도 확실한 장소는 모르시나 봐요. 야근하고 돌아오는 길에 몇 번이나 애 우는 소리를 들었다는 것밖에 없어요."

"그럼 뭐 알아보고 말고 할 게 없네요. 제대로 알아보고 신고하지······."

불만 섞인 말투의 사토자키를 두고 다마루는 니시무라에게 물었다.

"니시무라 씨, 그거 말고 다른 정보는 없어요? 몇 살 정도 된 어린이인지, 남자아이 같은지 여자아이 같은지 하는 거요."

"그것도 잘 모르시는 것 같아요. 초등학생 정도 되는 어린이라는 것밖에······."

"장소는 어디 근방이에요?"

사토자키가 조금 당황한 얼굴로 다마루에게 말을 걸었다.

"잠깐만, 다마루. 그런 걸 본다고 확실한 장소도 모르는데 조사가 돼?"

"어느 정도 장소가 좁혀지면 일단 현장 부근에 가서 상황을 확인해야. 주변을 돌아보면 뭔가 알 수 있을지도 모르잖아."

"그래도 이런 부정확한 신고에 일일이 다 반응하면 몸이 남아나질 않는다고."

"일일이 다 반응해야지! 장소는요?"

"고비키초예요. 국도를 따라 북쪽으로 가면 아오키 교차로가 나오잖아요, 편의점이 있는 길이요. 거기서 우회전해서 들어가서 두 번째 신호등이 나왔을 때 왼쪽으로 들어가면 작은 골목이 계속 이어진다는데, 가다보면 오른쪽에 담뱃가게가 나온대요. 그 주변에서 아이 우는 소리를 들었다는 것 같아요. 밤 12시 전후로 꽤 늦은 시간이라서 신경이 쓰였다고 하시더라고요. 이게 그 부근 지도예요."

"역시 니시무라 씨, 센스가 있다니까. 고비키초라……. 가자, 사토자키."

"뭐? 지금? 방금 들어왔잖아. 게다가 금방 어두워질 텐데, 야, 잠깐만. 진심이야? 대체……."

"사토자키, 얼른! 어두워지기 전에 주변 모습을 봐 두고 싶어."

"내일 가 봐도 되잖아. 왜 지금 가야 해? 게다가 너 워커도 아니잖아."

"말이 많네. 하루 차이로 후회할 일 만드는 건 싫어! 빨리 타!"

사토자키는 이렇게 된 이상 다마루를 막을 수 없다는 걸 알기에 체념하고 차에 올라탔다.

"있잖아, 다마루. 이 정도로 정보가 적으면 뭘 알아낼 수 있겠어? 조사해도 소용없는 거 아냐?"

"신고가 부정확하거나, 질 나쁜 장난인 경우도 물론 있지. 그래도 어떤 신고가 심각하고 어떤 신고가 심각하지 않은지는 시간이 지나서야 알 수 있잖아."

"아무리 그래도 이렇게 정보가 없어서야……."

다마루는 진지한 눈빛으로 사토자키를 바라보며 말했다.

"별거 아닌 것 같은 신고가 실제로는 심각한 학대로 밝혀지는 경우도 있어. 학대 신고는 신이 워커에게 던진 생명줄이야. 세상과 멀어져 버린 사례를 알아채라고 보낸 생명줄. 그걸 잘 잡고 가는 게 아상 워커가 해야 할 일이잖아."

"생명줄……."

"제대로 안테나를 세우고 신중하게 찾아보면 줄은 점점 명확해질 거야. 줄이 보일지 어떨지는 워커에게 달려 있어. 온 힘을 다해 보려고 하지 않으면 안 보여. 그건 그렇고, 어두워지는 게 빠르네. 주변의 세세한 분위기까지 파악하는 건 어렵겠어."

5시가 되기 전에 둘은 현장 부근에 도착했다. 해는 뉘엿뉘엿 지고 주위는 붉은빛으로 물들었다. 다마루는 담뱃가게를 발견하고는 그 주변을 야수처럼 걸어 다녔다. 목조로 된 공동 주택이 신경 쓰이는지 멈춰서 전기미터기 등을 체크했다.

"울음소리 같은 건 안 들리는데……. 있잖아, 다마루. 역시 학대랑은 관계없는 게 아닐까?"

"……."

다마루는 잠자코 주변의 모습을 살폈다.

"어이, 듣고 있는 거야?"

"좋아. 대충 이 정도로 해 둘까? 일단 사무소로 돌아가자."

"응? 벌써 가? 근데 일단이라는 건 뭐야?"

"사토자키, 오늘 바빠? 밤에 한 번 더 와 보려고 하는데, 바쁘면 나 혼자 오고."

"밤에 오다니…… 내 담당 구역 케이스니까 와야 한다면 오는데, 그럴 필요가 있어? 괜히 시간 낭비하는 거 아닐까?"

"시간 낭비일 수도 있겠지만 아무래도 신경이 쓰인단 말이야……"

"어떤 게 신경 쓰이는 데?"

"뭐, 가면서 이야기할게. 타."

다마루는 차를 운전하면서 조용히 이야기를 시작했다.

"사토자키, 니시무라 씨가 준 지도 봤어?"

"물론 봤지."

"제대로 봤어?"

"그러니까 봤다고 했잖아!"

"그럼 알아챘겠네, 고비키초와 야나기초가 붙어 있다는 거."

"확실히 붙어 있어. 그건 행정구획이 변하지 않는 한 계속 붙어 있겠지. 그게 뭐 어쨌다고?"

다마루는 사토자키가 들고 있던 지도의 한 지점을 손으로 가리켰다. 사토자키는 다마루가 가리킨 곳을 보고 흠칫 놀랐다.

"시립 무도관…… 아! 여긴 아오야마 초등학교에서 들었던 귀신이 나오는 놀이터 옆이잖아."

"그래. 이번에 신고받은 곳은 귀신 소동이 있었던 놀이터랑 의외로 가까워. 걸어서 5분 정도밖에 안 걸려."

"그러네. 흥미롭긴 한데, 귀신 소동이랑 학대 신고랑은 아무 관계도 없잖아."

사토자키의 말에 다마루는 조금 짜증이 난 모습으로 말을 이었다.

"너도 말했잖아! 밤중에 놀이터에서 노는 아이는 없다고. 나도 그렇게 생각해. 그럼, 어째서 그 야심한 시각에 어린이가 놀이터에서 놀 수밖에 없을까? 이상하잖아. 밤중에 놀 수밖에 없는 이유가 분명히 있는 거야."

"밤중에 놀이터에서 노는 이유?"

"낮에 다른 어린이들과 같이 놀 수 없는 이유. 그러니까 보통 집들이랑 다르게 생활하도록 강요당하는 여자아이가 이 주변에 있다는 거잖아. 그래도 학대 신고랑 귀신 소동이 관계가 없다고 생각해?"

"그렇게 말하니까 관계가 없다고 생각하는 게 이상하네. 너 대단하다. 언제 눈치챈 거야?"

"니시무라 씨가 장소가 고비키초라고 했을 때, 어쩌면 장소에 따라 관계가 있을지도 모른다고 생각했어."

"지도를 보니까 의외로 가까워서 바로 현장 주변 상황을 확인하고 싶었던 거구나."

"그렇지. 어두워지고 나서는 동네 상황이 잘 안 보이니까."

사토자키는 새삼 다마루의 통찰력에 감탄했다.

"그래서 이제 어쩔 거야?"

"일단 사무소로 돌아가서 일을 좀 하자. 할 일이 산더미 같으니까. 그리고 10시 반쯤 다시 안 올래?"

"알았어. 혹시 울음소리가 들리면 어떡해?"

"집이 확정되면 현장을 급습할 거야. 뭐 그렇게 제대로 흘러갈리는 없다고 생각하지만."

"아, 알겠어. 근데 너는 워커가 아니라 아동 심리사잖아. 조사는 내가 해야 할 일이라고 생각하는데……."

"이미 떠난 배야! 나는 네 파트너이기도 하잖아. 혹시 어린이를 만나게 됐을 때 발달 상태를 확인하는 건 내 일이기도 하고."

"어휴, 억지로 이유를 갖다붙이기는. 뭐, 좋아."

사무소로 돌아온 사토자키는 묵묵히 기록을 써 내려갔다. 아까의 조사는 없었던 것처럼 키보드를 두드렸다. 때때로 걸려 오는 전화에는 그때마다 성실히 대응하고, 통화가 끝나면 다시 키보드를 두드렸다. 마치 텔레비전 채널을 바꾸는 것처럼 자신의 사고 회로를 바꿔 가며 일했다. 다마루는 그런 사토자키의 일하는 모습을 보고, 사무직인 주제에 꽤 워커다워졌다고 생각하며 싱긋 웃었다.

정신을 차리고 보니 시곗바늘이 이미 10시 반을 가리키고 있었다.

"다마루, 슬슬 가 볼까?"

사토자키의 한마디에 다마루는 가볍게 고개를 끄덕이고 서둘러 책상 위를 정리하기 시작했다. 다마루의 표정에 묘한 긴장감이 감돌았다. 무슨 일이 생길지, 아니면 아무 일도 없을지. 사토자키에게 있어서도 다마루에게 있어서도 앞으로의 일은 전혀 예상할 수 없는 미지의 세계였다.

저녁때와 다르게 교통량이 적어서 생각보다 빨리 현장 부근에 도착했다.

사토자키의 마음이 반영된 것인지, 현장 부근의 풍경은 몇 시간 전에 본 것과는 전혀 다르게 느껴졌다. 가로등이 적은 뒷골목은 수상한 어둠이 펼쳐져 있어, 갑자기 어린이의 울음소리가 들려올 것 같은 느낌이 들었다.

다마루는 불안에 떠는 사토자키를 아랑곳하지 않고 신고받은 현장과는 다른 방향으로 묵묵히 걸어갔다.

"이봐, 방향이 다르잖아! 어디 가는 거야, 다마루!"

"이 시간에 여기까지 왔는데 그 놀이터에 가봐야 하지 않을까 싶어서."

"귀신이 나온다는 그 놀이터?"

"응. 사토자키, 무서워?"

다마루가 사토자키를 놀리듯이 말했다.

"웃기지 마! 무섭긴 뭐가 무섭다고!"

"농담이지. 저 앞에서 왼쪽으로 꺾으면 바로 놀이터야."

"아, 그, 그러니까……, 그, 그렇네. 지도도 안 보고 잘만 간다!"

"학대 현장 조사를 꽤 많이 해 왔잖아. 그러다 보니 지도가 머릿속에 팍 저장되더라고."

"호오. 그런 게 가능해지는군."

"쉿! 조용히 해봐."

다마루가 갑자기 걸음을 멈췄다. 끼익, 끼익, 끼익……. 희미하기는 하지만 기분 나쁜 금속음이 일정한 리듬을 어둠에 새기고 있었다.

"뭐야 저 소리? 그, 그네……."

"사토자키, 가자. 뛰어!"

둘은 온 힘을 다해 소리가 나는 쪽으로 달렸다. 사거리에서 왼쪽으로 돌자 30미터쯤 앞에 놀이터가 보였다. 낮은 울타리 위로 보였다가 안 보였다가 하는 그네 위에는 작고 하얀 형체가 흔들리고 있었다. 윤곽은 확실치 않지만 작은 여자아이처럼 보였다.

"나, 나왔다! 귀신이다!"

사토자키가 소리친 직후에 나타난 그네에는 아무도 타고 있지 않았다.

"사라졌다! 진짜 귀신이야?"

"멍청아! 그럴 리가 있냐. 네 목소리를 듣고 그네에서 내려서 도망간 거야. 서둘러, 이러다 놓칠라!"

둘이 놀이터에 도착하자 그네는 외롭게 흔들리고 있었다.

"저기!"

앞쪽으로 작고 하얀 형체가 보였다. 어둠 속에 희미하게 드러난 하얀 형체는 정말 귀신 같았다. 다음 순간, 하얀 형체는 어둠 속으로 사라졌다.

"사, 사라졌다! 사라졌다고!"

"여기서 봐서는 잘 모르겠지만 저 앞쪽에 사거리가 있어. 거기서 방향을 꺾어서 안 보이는 것 같아. 문제는 어느 쪽으로 갔는가인데. 사토자키, 서둘러!"

두 사람은 문제의 사거리로 서둘러 갔다.

"여기군. 근데 어느 쪽으로 간 거지? 발소리가 안 들려."

"모르겠어. 따로 움직이자. 나는 왼쪽으로 갈 테니까, 사토자키 너는 오른쪽으로 가!"

"알았어!"

두 사람은 어둡고 좁은 골목을 전속력으로 달렸다. 하지만 하얀 여자아이를 발견하지는 못했다. 홀연히 자취를 감추고 말았다.

"흔적도 없이 사라졌네. 이쪽이 아닌가 본데……."

사토자키는 왔던 길을 서둘러 돌아가 다마루의 뒤를 쫓았다. 다마루는 주위의 모습을 살피고 있었다. 그곳은 자신들이 저녁에 조사하러 왔던 곳 근처였다. 사토자키는 신고받은 현장과 놀이터가 굉장히 가깝다는 것을 실감했다.

"다마루, 어땠어? 수확은 있었어?"

"아니, 전혀. 그쪽은?"

"이쪽도 마찬가지. 이 근처 어딘가라고 생각하는데, 소리는커녕 기척도 없어. 조금 더 주변을 걸어 볼까? 울음소리가 들릴지도 몰라. 그건 그렇고 이렇게 감쪽같이 사라질 수 있는 건가? 뭔가 꺼림칙해."

"그 정도로 훈련받았다는 거지. 조금이라도 인기척이 나면 바로 집으로 돌아오도록 단단히 훈련한 거야."

"훈련? 어째서? 뭘 위해서?"

"어쨌거나 귀신은 아니야. 아까 우리가 본 건 여자아이야. 이런 시간에 어두운 놀이터에서 혼자 그네를 타는 작은 아이가 이 주위에서 숨을 죽이고 살아간다는 거지. 사회에서 격리된 채로……. 빨리 찾아야 해."

사토자키는 불안해졌다. 자신이 본 게 귀신이라면 얼마나 좋을까 하고 생각했다. 하지만 상황은 다마루가 말한 대로, 어떻게 생각해도 일반적인 상황은 아니었다. 어린아이가 밤 11시에 혼자 놀이터에서 놀아야 하는 이유는 무엇일까? 사토자키에게는 상상도 되지 않았지만, 일반적인 가정생활을 보내고 있지 않은 건 확실한 것 같았다. 무언가 말도 안 되는 일이 일어나는 건 아닐까 하는 막연하지만 강한 불안이 사토자키를 사로잡았다.

"있잖아, 다마루. 괜찮을까?"

"응? 방금 전 그 애?"

"응. 괜찮겠지? 설마 죽거나……."

"재수 없는 소리 하지 마! 말에는 혼이 담겨 있다고 하잖아. 우리 일은 언제나 최악의 결과와 맞닿아 있다고. 불안에 짓눌릴 수도 있지만, 불안을 이겨 내려면 필사적으로 조사해서 생명줄을 찾아내는 수밖에 없어."

"찾지 못하면……."

"마음은 알겠는데, 오늘은 이만 돌아가자. 이 이상은 뭘 어떻게 할 수가 없어. 내일 아침부터는 관계 기관에 조사를 부탁해서 장소를 특정할 수 있도록 힘내자. 알았지?"

사토자키는 지금 바로 주변에 있는 문이라는 문은 다 두드려 집안의 모습을 확인하고 싶은 마음이었다. 하지만 그런 일이 허락될 리 없다. 할 수 없이 사토자키는 차에 올라탔다. 사무소로 가는 길, 사토자키의 머릿속에는 그 하얗고 작은 형체가 몇 번이나 뛰어왔다가 사라졌다. 사라진 그 아이는 어떤 집에서 생활하고 있을까. 이런저런 상상으로 머릿속이 가득했다.

사토자키의 불안을 느낀 다마루가 사토자키에게 말을 걸었다.

"사토자키, 오늘은 푹 자야 해. 내일부터 바빠질지도 모르니까 푹 자서 체력을 보강해 두는 게 좋아."

"알았어. 그렇게 할게. 수고했어."

알았다고 밖에 할 말이 없었다. 하지만 아무래도 잠들 수 있을 것 같지가 않았다. 그네의 하얀 형체가 몇 번이나 머리를 스쳤다. 강 수면을 떠내려가는 아주 작은 종이배처럼, 무엇 하나 자기 생각대로 컨트롤할 수 없는 상황에 무력감을 느꼈다.

사토자키는 집으로 돌아와 샤워를 하고 바로 침대로 들어갔다. 창문을 통해 보이는 밤하늘에는 무수한 별이 반짝이고 있었다. 아주 고요한 밤이었다. 초침 소리만이 방에 울리고 있었다.

어린이를 지키는 일. 어린이를 지키는 일……. 자식은 부모를 고를 수 없다. 자식은 부모를 고를 수 없다……. 수많은 작은 생명이 눈앞에서 도와 달라고 하고 있다. 앞을 보고 나가는 일 외에 무엇이 있단 말인가. 사토자키는 침대에 누워 주먹을 꽉 쥐었다. 시간이 한참 흘렀다.

동쪽 하늘이 희미하게 밝아오고 있었다.

"반드시 생명줄을 찾고야 말겠어."

사토자키는 조용히 투지를 불태웠다.

찾아라!

다음날, 사무실에 도착한 사토자키는 바로 삼와 시약소의 어린이 가정계에 전화를 걸었다.

"안녕하십니까? 중앙 어린이 가정 센터 사토자키라고 합니다. 어린이 가정계 모리모토 씨 부탁드립니다."

"여보세요, 모리모토입니다. 사토자키 씨, 오늘은 무슨 일로? 학대?"

"역시 감이 좋다니까. 지금부터 주소를 하나 말해 줄 테니까 최근 1, 2개월 이내에 전입해 온 가정이 있는지 찾아봐 줬으면 좋겠어. 전부 고비키초 2초메야. 우선 25번지, 27번지, 31번지, 마지막으로 36번지. 공동 주택 이름도 알려 줘야 해?"

"아니 그건 필요 없어. 바로 찾아볼게. 10분 정도 걸릴 거야.

전화할게."

10분 후, 모리모토에게서 전화가 왔다.

"없어. 그 주소로 최근에 전입해 온 가정은 없네. 어느 주소건 반년 이상 움직임이 없어. 신경 쓰이는 집이 있으면 알아볼게."

"아냐, 고마워. 주민표 이전이 없다는 걸 안 것만 해도 충분해. 계속 부탁만 해서 미안한데 지금 찾아본 주소를 담당하는 민생위원하고 주임 아동위원한테 확인 좀 해 줘. 최근에 이사 온 가족이 있는지 없는지. 소문 같은 것도 괜찮으니까……."

"알았어. 바로 확인해서 다시 연락할게. 어차피 또 금방 나갈 거지? 핸드폰으로 연락할까?"

"척하면 척이네. 부탁해."

사토자키는 전화를 내려놓으며 조금 실망한 듯 중얼거렸다.

"단서가 없는 건가……."

"아니, 주민표를 옮기지 않았다는 건 그 정도로 감추고 싶은 게 있다는 거잖아. 어제 있었던 학대 신고하고 우리가 본 하얀 귀신이 드디어 관계가 있을 가능성이 높아졌다는 거지. 다시 한 번 현장에 가보자고, 사토자키."

다마루는 사토자키를 격려하듯 말했다.

"알았어. 어떻게 해서든 그 어린이를 빨리 찾아내고 싶어."

둘은 다시 현장으로 향했다.

밝은 햇살 아래에서 보니 주변에 있는 공동 주택은 모두 생각보다 훨씬 오래되고 낡아 있었다.

"이 주변 공동 주택은 방세가 엄청나게 싸겠지? 요즘 이런 공동 주택은 보기 힘든데 말이야."

"그런가? 꽤 있을걸? 방세는 1만 엔 정도 하려나?"

그때 사토자키의 핸드폰이 울렸다. 모리모토였다.

"네, 사토자키입니다."

"여보세요, 나, 모리모토. 민생위원한테도 주임 아동위원한테도 확인해 봤는데, 알아낸 게 없어. 최근에 이사 온 사람에 대해서는 소문도 들은 적이 없대."

"그래? 알아보느라 고생했어. 고마워. 또 뭔가 부탁할지도 몰라, 그때 또 부탁해."

"알았어. 뭐든 말만 해. 그럼 수고해."

"어째 잘 안 풀리네."

사토자키는 전화를 끊고 어깨를 떨구며 말했다.

다마루는 어제부터 점찍어 두었던 공동 주택을 하나씩 신중하게 체크하기 시작했다. 실내에서 자기 모습을 눈치채지 못하게 세심한 주의를 기울이면서. 그러다가 어느 공동 주택의 방 앞에서 멈춰 섰다. 시라카바소 103호실이라는 표시가 있었다.

"역시 여기가 제일 신경이 쓰여."

"왜 이 집이야? 다른 집들이랑 특별히 다르지도 않은데."

"저기 좀 봐 봐. 이 공동 주택은 현관이 미닫이잖아. 빈집 같아

보이는 세 곳 중에 이 집 미닫이문만 레일 부분이 깨끗해. 그리고 저기도 봐 봐. 미닫이문 구석 위랑 아래. 아무것도 없지? 그것도 부자연스럽단 말이야."

"어째서?"

"잠깐 이쪽으로 와 봐. 이쪽 방은 아마 빈방인 것 같아. 미닫이문 레일도 먼지가 쌓여서 지저분하고, 미닫이문 구석 위랑 아래도 봐 봐."

"아, 거미줄이 있네."

"맞아. 거미는 이런 미닫이문 구석 같은 데 집짓기를 좋아하잖아. 1주일 정도 문을 여닫지 않으면 반드시 이런 곳에는 거미가 집을 짓는다고."

"그렇군. 아까 그 방문은 최근에 자주 여닫았다는 거네!"

"물론 집주인이 방 관리를 하기 위해서 문을 열었을 가능성도 있으니까 꼭 그렇다고는 할 수 없지만. 그래도 혹시 관리 때문에 왔다고 한다면 다른 두 곳도 같이 관리하는 게 자연스럽잖아."

"확실히 그렇네. 역시 수상해. 말 한번 걸어 볼까?"

"아니, 그러지 마. 절대 밖으로 안 나올 거고, 더 경계가 심해질지도 몰라. 그것보다도 집주인한테 가서 정보를 좀 얻어 보자. 여기에 누가 사는지 어떤지. 집주인한테 물으면 확실히 알 수 있잖아."

"그래. 빨리 가 보자!"

둘은 벽에 붙어 있는 시라카바소 주인의 전화번호로 연락해 주인집을 방문했다.

"안녕하세요? 사토 씨, 조금 전에 전화 드린 사람입니다."

현관문이 열리고 사람 좋아 보이는 노파가 얼굴을 내밀었다.

"네, 어서 오세요. 고생이 많으십니다. 여기서 얘기하기는 좀 그러니까, 안으로 들어오세요."

"죄송합니다. 그럼 실례하겠습니다."

현관에는 여성용 신발만 놓여 있어, 노파가 혼자 살고 있다는 것을 알 수 있었다. 안내받은 응접실은 깔끔하고 청소가 잘되어 있어서 노파의 부지런함이 느껴졌다. 잠시 후, 노파가 향이 좋은 차와 함께 나타났다.

"너무 마음 쓰지 마세요. 갑자기 찾아와서 죄송합니다."

"아니에요. 누가 오는 일이 거의 없다 보니까 시간이 남아돌아요. 그래서 시라카바소에 대해 뭐 물어볼 게 있으시다고……."

"네, 맞아요. 사실은 그 주변에서 밤중에 어린아이 우는 소리가 들린다고, 학대를 걱정하는 신고가 들어와서요. 우리가 조사하는 중에 시라카바소의 한 집에서 울음소리가 들려온 게 아닐까 생각하게 되었습니다."

"아, 그래요? 그래서 어떤 집인가요?"

"여기, 103호실인데요……."

사토자키는 주택 지도를 꺼내서 해당하는 집을 가리켰다.

"아아, 가와우에 씨네요. 그런데 가와우에 씨 부부만 살고 아이는 없을 텐데요."

"그런가요? 저 집을 빌리러 왔을 때 부부가 같이 사토 씨를 찾아왔던가요?"

"아뇨, 집을 빌리고 싶다고 왔을 때는 남편만 혼자 왔었어요. 방세는 반년 치를 미리 낼 테니까 아무것도 묻지 말고 방을 빌려 달라고 하더라고요. 꽤 생각이 많은 표정을 하고 있어서 뭔가 곤란한 사정이라도 있나 보다 하고 생각했죠. 저렇게 낡은 공동 주택이라도 도움이 된다면 들어와서 살게 하자고 생각했어요."

"그러셨군요. 가와우에 씨 부인을 만난 적은 있으세요?"

"네, 있어요. 입주하기로 하고 나서 남편하고 같이 인사하러 왔더라고요. 그때 봤죠."

"가와우에 씨 부부는 어때 보였나요?"

"음, 복장 같은 걸 봤을 때 꽤 경제적으로 어려움을 겪고 있는 것처럼 보였어요. 부인은 거의 말을 하지 않아서 얌전한 사람이라고 생각했지요. 남편 쪽도 꼭 필요한 말 이외에는 거의 하지 않아서 자세히는 모르겠네요. 어쨌거나 무서운 느낌은 없었고, 방세도 반년 치를 미리 낸다고 하니까 들여도 괜찮겠다고 생각했어요."

"키나 몸집은 어땠어요?"

"남편 쪽은 굉장히 말랐어요. 그런데 부인 쪽은 꽤 포동포동해서 듬직한 느낌이었네요."

"어째서 시라카바소를 골랐을까요?"

"그건 저도 궁금했어요. 우리 집은 부동산에 내놓지 않았으니까요. 어떻게 시라카바소를 알게 됐냐고 물어봤지요. 듣자 하니 부인 쪽 본가가 그 주변에 있었던 모양이에요. 그쪽 지리도 잘 알고 그래서 둘러보다가 우연히 발견했다고 하더라고요. 뭐, 척 보기에도 싸 보이니까요. 호호호호……."

"방세는 어떻게 내기로 했나요?"

"지난달에 들어왔는데, 처음 반년 치 방세는 받았고요. 그 이후의 방세는 월말에 다음 달 치를 남편이 직접 내려 오기로 했어요. 제가 받으러 가겠다고 했더니 가지고 올 테니까 오지 않았으면 하더라고요."

"그럼, 뭔가 일이 있을 때 연락은 어떻게 하시나요?"

"그런 경우는 신문 투입구에 메모를 넣어 두면 가와우에 씨가 이쪽으로 오겠다고 했어요. 핸드폰도 없어서 따로 연락할 방법은 없는 것 같더라고요."

"그렇군요. 그러면 또 혹시 어떤 일을 하는지 모르시나요?"

"네, 그쪽 관련해서는 별로 말하고 싶어 하지 않는 것 같아서, 저도 굳이 물어보지 않았네요."

"알겠습니다. 고맙습니다. 정말 도움이 많이 됐어요. 이거 우리 명함이에요. 저는 사토자키고, 이쪽이 다마루라고 합니다. 아마 다시 이것저것 여쭤볼 게 있을 것 같은데, 협조 부탁드려도 될까요?"

"그럼요. 제가 도움이 된다면야 언제든지 말씀해 주세요."

"그리고 오늘 우리가 방문했다는 것과 나눴던 대화 내용은 가와우에 씨한테는 절대 말하지 말아 주세요. 사토 씨를 이 상황에 휘말리게 하고 싶지 않아요. 지금까지처럼 집주인과 세입자 관계를 유지하기 위해서라도 사토 씨는 아무것도 모르는 걸로 해 두고 싶어요."

"알겠습니다. 약속하지요."

"그리고 혹시 시라카바소 방의 배치도 같은 게 있으면 빌릴 수 있을까요? 반드시 돌려드릴게요."

"잠시만 기다려 주세요."

잠시 후 사토 씨는 무언가를 들고 왔다.

"꽤 오래되긴 했지만 이게 설계도예요. 이걸로 괜찮으세요?"

"네, 감사합니다. 그럼 잠깐 빌려 가겠습니다. 오늘 갑자기 찾아와서 정말 죄송합니다. 그럼 이만 실례하겠습니다. 곧 다시 연락드릴게요. 그때도 잘 부탁드리겠습니다."

둘은 사토의 집을 뒤로하고 차로 향했다.

"그건 그렇고, 가와우에라는 사람 엄청나게 조심성이 많네. 어떻게 해서든 집에는 못 오게 하겠다는 거잖아. 다마루, 왜 그래? 그렇게 복잡한 얼굴을 하고. 뭐 신경 쓰이는 거라도 있어?"

"음……. 어쩌면 너무 지나친 생각일지도 모르지만, 좀 신경 쓰이는 부분이 있어서……."

사토자키와 다마루가 이야기를 나누며 길을 걷고 있는데, 앞쪽에서 작업복을 입은 덩치 큰 사람이 손에 바구니를 들고 걸어왔다. 그 사람은 아무래도 다마루와 아는 사이 같았다.

"보건소 사카모토 아닌가? 역시 맞네! 어이, 사카모토!"

"오! 다마루 아냐? 오랜만이네. 여기서 뭐 해?"

"너야말로 여기서 뭐 해? 손에 든 바구니는 뭐야?"

"아, 이거? 민원 전화가 들어와서 가지고 왔지. 근처에 있는 빈집에서 길고양이가 새끼를 낳은 거 같다고 포획용 바구니 좀 빌려 달라고 해서. 여기 자치구는 길고양이를 잡아서 중성화 수술을 해 주거든. 그래서 바구니를 빌릴 수 있어."

사토자키는 평화로운 이야기라고 생각하고 웃으며 다마루의 얼굴을 봤다. 그런데 다마루는 놀랄 정도로 심각한 얼굴을 하고 있었다.

"사카모토, 어디야? 그 고양이가 있다는 집이 어디냐고?"

다마루가 격앙된 말투로 사카모토에게 물었다.

"뭐야, 그런 무서운 얼굴을 하고……."

"그건 됐으니까 얼른 안내해! 자, 어서, 빨리!"

"잠깐만, 나도 고양이가 있는 집이 어딘지는 몰라! 지금 민원을 넣은 집으로 가는 길이니까!"

"그럼 그 집에 우리도 같이 데리고 가 줘. 얼른!"

"뭐야 너? 무슨 상황인지 알 수가 없네."

"부탁해, 사카모토. 서둘러 줘."

다마루는 사카모토를 재촉했다. 사토자키도 사카모토와 같이 도무지 무슨 상황인지 알 수가 없었다. 어째서 갑자기 다마루가 이렇게 심각해져서 서두르는지.

사카모토는 이유도 모른 채 발걸음을 서둘렀다. 사카모토의 발은 점점 시라카바소와 가까워지고 있었다. 그리고 시라카바소 옆에 있는 작은 단독 주택 앞에서 멈춰 섰다.

"야마시타 씨, 안녕하세요? 연락받고 온 보건소의 사카모토라고 합니다."

"네, 네, 지금 갑니다."

"안녕하세요? 보건소에서 온 사카모토라고 합니다. 길고양이는 어디에 있습니까?"

"안내할 테니 이쪽으로 와요. 여기 옆에 있는 오래된 공동 주택이에요. 아마도 이쪽 방인가 싶은데……. 그제 밤에도 퇴근하고 집에 오는데 '야옹, 야옹' 하고 울더라고요."

야마시타가 세 사람을 안내한 곳은 바로 가와우에가 사는 방과 그 옆 방이었다.

"이 둘 중의 하나 같은데요. 아마 마루 밑 어딘가에 자리를 잡은 걸 텐데 밤에는 어두워서 알 수가 있어야지요."

사카모토가 통기구로 마루 밑을 살펴보았다.

"지금 봐서는 고양이가 안 보이네요. 어쨌든 바구니는 빌려 드릴 테니까, 고양이 사료 같은 거라도 넣어서 설치해 보세요. 어미 고양이만 잡히면 새끼 고양이는 안전하게 포획할 수 있으니까요. 사용한 바구니는 보건소에 반납해 주세요."

"알았어요."

다마루가 대화에 끼어들었다.

"야마시타 씨, 새끼 고양이 울음소리가 확실한가요?"

"네, 확실해요. 나는 고양이가 너무 싫어서 금방 알거든요. 정말 작은 소리긴 했는데 잘못 들은 건 아니에요. 그건 고양이 울음소리예요. 전에 우리 집 마루 아래에도 고양이가 들어간 적이 있었는데 똥에다가 뭐에다가 엉망이었다니까요. 그때부터 고양이 소리에는 민감해졌어요. 그러니까 그건 고양이예요. 두고 봐요. 내가 꼭 어미 고양이를 이 바구니로 잡아서 보여 줄 테니까요."

다마루는 이어서 질문을 계속했다.

"그리고요, 최근에 여기 근처에 구급차가 왔다는 이야기 못 들으셨어요?"

"아니요, 그런 이야기 들은 적 없는데요."

그 말을 들은 다마루는 갑자기 어디론가 달려가기 시작했다.

"뭐, 뭐야, 어이, 기다려! 아, 아, 죄송합니다. 이야기 들려주셔서 감사합니다. 파트너가 급한 일이 생겼나 봐요. 그럼 실례하겠습니다."

사토자키는 서둘러서 다마루의 뒤를 쫓았다.

"기다려, 다마루! 대체 무슨 일이야?"

"사무소로 가야 돼. 서둘러! 사정은 차에서 설명할 테니까 일단 달려!"

"뭐야, 대체! 너랑 있으면 맨날 뛰기 바쁘네."

사토자키가 차에 올라탄 걸 확인하자 다마루는 액셀을 밟았다. 냉정한 얼굴을 하고 있었지만, 다마루의 초조함이 사토자키에게도 전해져 왔다. 그 방에서 뭔가가 일어나고 있다. 다마루를 초조하게 만드는 무언가가.

"뭐가 그렇게 초조해?"

"잠깐만 기다려. 사토자키, 사무소에 전화 좀 걸어 줘. 연결되면 나 좀 바꿔 주고."

"알았어."

"네, 중앙 어린이 가정 센터 미도리카와입니다."

"아, 미도리카와 씨, 사토자키예요. 잠깐 다마루가 이야기할 게 있다는데 바꿔 줄게요."

"여보세요, 나 다마루. 미도리카와, 과장님 포함해서 윗분들 어디 가지 마시라고 전해 줘. 긴급 수리회의(受理会議 : 아동 상담 기관의 상담실에 들어오는 아동에 관한 상담 사례에 대해 치료 방법을 결정하는 회의) 부탁할 거야. 알았어?"

"네, 알겠습니다. 근데 무슨 일이에요?"

"가택 수색을 해야 할 것 같은 사례가 있어. 다들 모여 계셔?"

"네, 과장님 이상은 전부 모여 계세요. 도착하시면 바로 회의 시작할 수 있도록 말씀드릴게요."

"응, 부탁해. 20분 정도면 도착해."

"네. 운전 조심해서 오세요."

통화가 끝날 때까지 기다리는 게 힘들었다는 듯 사토자키가 다마루에게 물었다.

"그럼, 설명 좀 해봐. 무슨 일이야?"

"모든 정보가 좋지 않아. 밤중에 혼자 놀이터에서 그네를 타던 어린이가 도망간 장소 근처에 주민표를 옮기지 않은, 사연이 있는 듯한 부부의 집이 있어. 그 부부가 이사를 온 시기는 아오야마 초등학교에서 귀신 소동이 일어나기 시작한 것과 같은 한 달 전이고."

"그건 나도 알고 있어."

"귀신 취급을 받았던 어린이는 아마 가와우에 씨 부부의 아이라고 생각하는데, 가와우에 씨 부부는 집주인인 사토 씨한테 아이가 없다고 했어."

"거짓말할 사정이 있었겠지."

"사토 씨 이야기로는 경제적으로 궁핍한 모습에, 남편은 굉장히 말랐는데 부인은 포동포동했다고 했잖아."

"그게 왜?"

"그때 당시에 부인은 임신 중이 아니었을까 하고…… 그리고 아까 새끼 고양이 이야기. 태어난 지 얼마 안 된 아기 울음소리는 새끼 고양이 울음소리하고 아주 비슷해……"

사토자키의 표정이 굳었다.

"어렴풋하게나마 나도 무슨 상황인지 알 것 같아. 그 방에는 이유는 알 수 없지만, 주위로부터 몸을 숨기고 아이를 학교에도 보내지 않고 있는 가족이 살고 있고, 심지어 부인은 임신한 상태에서 최근에 아이를 출산했을 가능성이 있다는 거지?"

"응, 그리고 최근에 구급차가 온 적이 없다는 건 그 방 안에서 출산했을 가능성이 있다는 거잖아. 그렇다면 위생 면에서도 갓난아기가 위험한 상황에 처해 있을지도 몰라. 일각을 다투는 상황일 가능성이 커."

"잠깐만, 병원에도 안 가고 저런 공동 주택에서 아이를 낳았다는 거야?"

"편의점 화장실에서 고등학생이 아이를 낳는 경우도 있어. 집에서 출산하는 건 그렇게 이상할 것도 없지."

"큰일이네……"

사토자키는 작년 크리스마스 이브의 가택 수색을 떠올렸다. 그때 느꼈던 등줄기의 오싹함이 떠올라 손바닥에 식은땀이 났다. 그러면서도 머릿속으로는 냉정하게 상황을 정리하면서 가택 수색 절차를 구상하기 시작했다. 진정해! 냉정하게 생각해 보자. 사토자키는 조수석에 앉아서 조용히 가택 수색의 시뮬레이션을 계속했다.

센터에 도착하자 둘은 사무실로 향하는 계단을 뛰어 올라갔다. 사토자키와 다마루의 얼굴을 본 미도리카와는 바로 소장실로 향했다.

"소장님, 사토자키 씨와 다마루 씨가 왔습니다."

회의실에서 긴급 수리회의가 시작되었다. 사토자키와 다마루는 어제 학대 신고를 받은 이후의 조사 결과를 설명하며, 가택 수색의 필요성을 호소했다. 두 사람의 설명을 듣고 처음 입을 연 것은 오직 아동 상담소 한길만 걸어온 최고 베테랑 마에야마 차장이었다.

"안 되겠는데. 이번 상황으로는 가택 수색은 못 해."

그 말을 들은 다마루가 바로 반론했다.

"어째서요? 지금 바로 움직이지 않으면 손 쓸 수 없는 상황이 될지도 모른다고요! 얼른 가택 수색을 해야 해요!"

"안 돼! 확실히 상황은 검정에 가까운 회색이야. 그래도 전부 상상이고 확정된 건 하나도 없어. 이런 상황에서 가택 수색을 할 수는 없어."

"그렇지만 차장님, 갓난아기가 있을지도 몰라요! 그렇다면 한시도 지체할 수 없다는 걸 차장님이 제일 잘 아시잖아요!"

"지금 다마루 씨가 말한 것처럼, 갓난아기가 있을지도 모른다는 거지 갓난아기가 있다고 확인된 게 아니야. 무엇 하나 확실한 게 없다고."

"너무 늦어 버리면 어떻게 하냐고요!"

다마루는 차장을 노려보았다. 하지만 차장은 흔들림 없이 차분한 어조로 말했다.

"일본은 법치 국가야. 독재 국가가 아니라고. 각 가정의 프라이버시는 지켜져야 하고, 개인의 인권도 지켜져야 해. 가택 수색은 그 두 권리를 모두 철저하게 침해하는 행위야. 그럴지도 모른다는 추측으로 할 수 있는 일이 아니야."

"지금까지 우리가 한 조사로 충분하잖아요!"

다마루는 끈질기게 요구했다.

"만약에 가택 수색을 해봤는데 어린이도 갓난아기도 없고, 울음소리도 갓난아기가 아니라 정말 새끼 고양이라면 어떻게 할 거야? 그거야말로 매스컴에서 이상의 직권남용이라고 엄청나게 떠들어댈 거야. 마음은 알겠는데 확실한 증거를 잡아 와."

"그러게. 차장님이 말씀하신 것처럼 지금의 상황으로는 좀 어렵다고 나도 생각해."

하세베 과장도 차장의 의견에 동의했다.

"아 정말, 과장님까지……."

입술을 깨문 다마루의 모습을 보고, 이번에는 사토자키가 차

65

장에게 요청했다.

"다마루가 말한 것처럼 가택 수색하게 해 주세요! 아직 정확한 건 아니지만, 이 정도로 우연이 겹치는 건 말이 안 돼요. 어떻게 생각해도 가와우에 씨 집은 수상합니다. 지금 안 하면 늦는다고요!"

그 모습을 잠자코 보고 있던 소장이 천천히 입을 열었다.

"사토자키 씨. 무슨 일이 생긴다면 제가 책임을 지겠습니다. 이상의 소장은 그런 역할을 하는 자리니까요. 우리가 하는 일은 케이스와 연결된 얇고 얇은 생명줄 위에서 균형을 잡으면서 신중하게 건너는 거지요. 판단을 잘못하면 돌이킬 수 없는 결과를 낳게 되지만, 공무원인 이상 법률에도 묶여 있어요. 때로는 모순에 괴롭지만 프라이버시나 인권을 충분히 고려하면서 업무를 해야 합니다. 책임은 제가 지겠습니다. 뭐라도 확증을 찾아오세요. 부탁드립니다."

"그렇지만, 소장님!"

"사토자키, 가자. 차장님이나 소장님이 말씀하신 대로야. 잠복해 보자. 확증을 잡으러 가는 거야. 지금 우리는 우리가 할 수 있는 일을 할 수밖에 없어!"

다마루가 사토자키를 타이르듯이 말했다. 그때 분한 표정을 하고 있던 사토자키를 부르는 니시무라의 목소리가 들려왔다.

"사토자키 씨! 아오야마 초등학교 가이 교장 선생님 전화예요. 뭔가 신경 쓰이는 일이 있으신 모양이에요."

사토자키는 지금이라도 출발하려고 하는 다마루를 눈으로 제지하고 수화기를 손에 들었다.

"여보세요, 사토자키입니다. 어제는 정말 감사했습니다. 그런데 무슨 일 있으신가요?"

"아이고, 사토자키 씨. 좀 신경 쓰이는 이야기가 있어서 알려드리려고 전화했습니다."

"어떤 일인가요?"

"오늘 아침에, 우리 학교 학부모 한 분이 전화를 주셨거든요. 그분이 어젯밤 11시경에 별생각 없이 창문을 내다봤는데 건너편 공동 주택으로 초등학생 정도 되는 여자아이가 들어갔다는 거예요."

"밤 11시에요?"

"네. 지금까지 비어 있다고 생각했던 집으로 여자아이가 늦은 밤에 혼자 들어가니까 아주 미심쩍게 생각했던 모양이에요. 그리고 맞은편 공동 주택에 살고 있는데, 아침 집단 등교에도 참여하지 않으니까 부모가 애를 학교에 안 보내고 있는 게 아닌가 하고 걱정이 돼서 전화를 주셨더라고요."

"그 학부모님이 여자아이를 본 게 확실하답니까?"

"네, 확실하답니다. 게다가 말입니다, 그 여자아이가 집으로 들어가자마자 양복을 입은 두 남녀가 달려와서 주변을 뒤졌다고 하더라고요. 전화를 주신 분은 그 가정이 빚쟁이들한테 쫓겨서 숨어 사느라 아이를 학교에도 못 보내는 게 아니냐고 걱정하셨어요. 제가 그래서 그 주소로 우리 학생 개인 데이터를 검색해 봤는데 우리 학교에는 등록이 돼 있지 않아요."

"교장 선생님, 그 주소가 혹시 고비키초 2초메 27번지, 시라카바소 103호실 아닙니까?"

"네, 맞습니다. 어떻게 아셨습니까?"

"어제 이쪽에서 접수한 학대 신고 대상 가정이 거기가 아닐까 하고 조사하고 있었거든요. 자세한 건 다시 말씀드리겠지만 여자아이를 쫓아갔다는 양복을 입은 빚쟁이들은 저하고 다마루예요. 어젯밤 조사 중에 그 귀신이 나온다는 놀이터에서 귀신을 보고 쫓아갔는데 시라카바소 근처에서 놓쳤거든요."

"그렇다는 건 귀신의 정체가 그 여자아이라는 건가요! 아이고, 이게 무슨 일인지. 이런 식으로 귀신하고 등교 거부 아동이 이어질 줄은……."

"다마루하고 조사하면서 시라카바소 103호실이 아닐까 추측만 하고 있었는데 확실한 증거가 없어서 곤란하던 차였습니다. 교장 선생님, 중요한 정보를 제공해 주셔서 정말 감사합니다."

"아뇨, 도움이 됐다니 정말 다행입니다."

"조사 진척 상황은 다시 연락드리겠습니다. 앞으로도 많이 도와주세요."

"알겠습니다. 그 어린이는 우리 학교로 오게 되겠지요? 우리도 잘 부탁드립니다."

"좋아! 차장님!"

"다 들었어. 가택 수색 준비하자고. 소장님, 괜찮으십니까?"

"조금 억지스러운 면이 있지만 어린이 교육권을 빼앗은 건 명백하니까 괜찮겠지요. 갓난아기가 있을 가능성이 있으니까, 그 점에 대해서도 고려하면 무리가 없지 않을까 싶습니다. 마에야마 차장, 혹시 모르니까 나카무라 변호사한테 연락해서 확인을 좀 부탁해요."

"알겠습니다. 바로 연락하겠습니다."

잠시 후, 마에야마 차장이 나타나서 사토자키의 얼굴을 보고 크게 고개를 끄덕였다.

"단, 신중하게 할 것. 강제적인 방법은 될 수 있는 한 피해서 큰 마찰 없이 집에 들어가도록 협력해 달라고 하시네. 하지만 만약에 어린이의 상황이 심각하다고 판단되거나 갓난아기가 있다고 확인이 된 경우는 좀 강제적인 방법을 써서라도 진행해."

"알겠습니다. 협력하겠습니다. 다마루, 집주인인 사토 씨한테 도움 요청을 하려고 하는데……."

"그러네. 가와우에 씨하고 이야기를 나눈 적이 있는 건 사토 씨뿐이니까. 그나저나 사토자키 표정을 보아하니 이미 가택 수색에 대한 계획이 선 것 같은데."

"내 나름대로 생각해 봤어."

"그럼, 설명 좀 해 줘. 사토자키는 전에 가택 수색을 한 경험이 있으니까 든든하네."

"알았어. 뭔가 부족한 게 있으면 옆에서 좀 도와줘."

"오케이. 하세베 과장님, 가택 수색 계획을 설명해 드릴 테니까 모여 주시겠어요?"

"응, 알았어. 시마 계장님, 나카야마 계장님, 그리고 미도리카와 씨, 요코야마 씨, 요시오카 씨, 이쪽으로 와요. 아, 다마루 씨, 일시 보호과에 연락해서 우치다 보건사한테도 오라고 해요."

"네, 알겠습니다."

우치다는 올해 보건소에서 이동해 온 베테랑 보건사로, 삼와현 아동 상담소에 배속된 최초의 보건사이기도 했다. 밝고 엉뚱한 성격이지만 보건사로서의 기량은 뛰어나며, 무엇보다도 열정이 넘치는 걸로 유명했다. 우치다의 소문을 들은 히가시야마 소장이 인사과와 교섭해서 데리고 온 것이다.

곧 우치다가 각오를 다진 얼굴로, 진찰 세트가 든 검은 가방을 한 손에 들고 사무소로 왔다. 등장인물은 다 모였다.

작전 개시

분주하게 편성된 가택 수색 출동 부대가 협의 테이블에 둘러앉았다. 시라카바소 주인 사토에게 빌려온 방의 배치도와 주택 지도를 테이블에 펼쳐 놓고 아홉 개의 머리가 도면 위에서 아름다운 타원을 그렸다. 사토자키가 생각한 방법을 순서대로 설명하기 시작했다.

"우선 가족 구성인데요, 아버지와 어머니, 그리고 초등학교 저학년 정도의 여자아이가 한 명, 그리고 최근에 태어난 아기가 있을 가능성이 높습니다. 이번 케이스에 대해서는 그냥 방문했을 때 현관문을 열어 줄 가능성은 제로입니다. 우리가 조사할 때도 인기척조차 느껴지지 않았어요. 굉장히 조심성이 많은 성격이라고 생각합니다. 가와우에 씨가 유일하게 외부와 관계를 맺고 있는 건 집주인인 사토 씨입니다. 하지만 그 사토 씨가 집에 찾아가도 만나 주지 않는 상황입니다."

"그럼 어떻게 현관문을 열게 만들지? 현관문을 안 열어 주면 아무것도 못 하잖아."

나카야마 계장이 예리하게 파고들었다.

"네, 집주인인 사토 씨가 가와우에 씨와 만날 방법이 하나 있는데요, 가와우에 씨 집의 신문 투입구에 메모를 넣어 두면 가와우에 씨가 그 메모를 보고 사토 씨 집으로 만나러 온다고 합니다. 그 방법을 쓰는 수밖에 없습니다."

"사토 씨한테 부탁해서 메모를 넣어 달라고 하는 거네."

"네, 맞습니다. 경제적으로 궁핍한 상황이라 방세에 관해 할 말이 있다고 하면 반드시 반응이 있을 거로 생각합니다. 그리고 사토 씨 집에 방문하는 시간을 저녁 9시로 설정하면 가와우에 씨도 심리적으로 불안해하지 않고 부름에 부응할 가능성이 크다고 생각됩니다."

"음, 일리가 있구먼. 그래서 어떤 절차로 진행할 생각인가?"

시마 계장이 언제나처럼 냉정한 말투로 사토자키에게 물었다.

"우선, 사토 씨에게 부탁해서 메모를 넣어 둘 생각입니다. 밝은 시간에 메모를 넣어 두는 편이 알아채기 쉬울 테니까 낮 3시경이 적당하지 않을까 싶습니다. 메모를 넣을 때는 메모가 든 봉투의 반 정도를 신문 투입구 밖으로 나오게 해서 넣어 달라고 할

예정입니다. 현장에서 제가 대기하면서 봉투를 감시하고 있을 건데, 봉투가 안으로 들어가면 가와우에 씨가 메모를 확인했다는 거니까 그 시점에 가택 수색 시행을 결정하도록 하겠습니다. 다만 조심성이 많은 사람이다 보니 어두워질 때까지는 메모를 보지 않을 수도 있어 조금 시간이 걸릴 가능성이 큽니다."

"그런데 사토자키, 대체 어디서 감시할 생각이야? 시라카바소 앞에는 몸을 숨길 만한 장소가 없잖아."

현장 상황을 알고 있는 다마루가 사토자키에게 물었다. 사토자키는 가볍게 머리를 끄덕이고 설명을 시작했다.

"아오야마 초등학교 교장 선생님께 말씀드려서 시라카바소 맞은편 집에 부탁할 생각이야. 초등학교에 연락해 주신 분이니까 사정을 설명하면 마당을 좀 쓸 수 있게 해 주시지 않을까 하고 있어."

"그 집에서 보면 제대로 감시할 수 있겠네."

"제가 가택 수색 사인을 보내면 다른 분들도 사무소에서 출발해서 현장에 합류해 주세요. 앞집 마당에서 대기를 할지, 집안에 들어갈 수 있을지는 지금부터 얘기를 해 봐야 알겠지만요."

"알았어. 그럼 이제 나는 뭘 하면 돼?"

"다마루는 사토 씨 집에서 대기해. 그리고 가와우에 씨가 사토 씨하고 이야기를 끝내고 귀가할 때 바로 나한테 전화를 줘. 그 후에 가와우에 씨가 눈치채지 못하게 충분히 거리를 두면서 뒤

쫓아 와."

"알았어. 그럼 조금 늦게 현장에 합류하게 되겠네."

"그렇게 되겠네. 여기서부터가 중요한 포인트인데요, 이번 가택 수색은 가와우에 씨가 집으로 와서 문을 여는 순간 외에 방으로 들어갈 기회가 없어요. 진입할 타이밍이 굉장히 어려워요."

"확실히 너무 어렵네. 열쇠로 문을 열기 전이면 문을 열지 않고 그대로 현장에서 도망갈 것 같고, 열쇠로 문을 열고 난 다음에 움직이면 방 안으로 도망칠 가능성이 높겠네. 골치 아프네."

나카야마 계장이 평소답지 않게 곤란한 표정을 보였다.

"말을 걸면 어때?"

시마 계장이 가벼운 말투로 말했다.

"네? 그러면 가와우에 씨한테 들킬 텐데, 말을 걸지 않는 편이 낫지 않나요?"

미도리카와가 납득이 안 된다는 표정으로 시마 계장에게 묻자, 시마 계장은 역시 가벼운 말투로 답했다.

"우리가 있는 데서 가와우에 씨 집 현관까지는 도로를 끼고 4미터 정도 거리가 있잖아. 우리는 가와우에 씨가 열쇠를 여는 순간까지 못 움직이니까 현관에 도착하기 전에 가와우에 씨가 집으로 들어가 버릴 가능성이 높고. 그럴 거면 차라리 큰 소리로 말을 거는 거지. 갑자기 누가 큰 소리로 자기 이름을 부르면 놀라서 소리가 난 쪽으로 얼굴을 돌릴 거 아냐. 그렇게 당황해서 우물쭈물하는 동안 거리를 좁히는 거지."

"오, 일부러 알려서 4미터 거리를 달려갈 시간을 버는 거네요."

미도리카와의 납득한 모습을 보면서 시마 계장은 말을 이었다.

"다만 말을 걸 때는 어디서 거느냐가 중요해. 우리가 있는 방향과는 다른 방향에서 말을 걸어서 가와우에 씨 주의를 그쪽으로 향하게 하는 게 포인트야."

"구체적으로 어떻게 하면 되나요?"

사토자키가 빨리 알고 싶다는 듯 물었다. 시마 계장은 간단한 그림을 그려서 설명을 시작했다.

"자, 봐 봐. 가와우에 씨 집 남쪽에 우리가 대기를 하고 있어. 좌우 10미터 정도 되는 위치에 사거리가 있고. 가와우에 씨는 서쪽, 그러니까 왼쪽 사거리에서 돌아오지. 말을 걸 사람은 반대쪽 사거리에서 몸을 숨기고 있다가 적당한 타이밍에 가와우에 씨 이름을 큰 소리로 부르는 거야. 가와우에 씨는 놀라서 소리가 난 쪽을 보겠지만 거리가 10미터 정도 떨어져 있는 게 확인이 되면 조금 안심하지 않을까. 그때 틈이 생길 거야. 가와우에 씨가 오른쪽에 정신이 팔린 상태일 때 우리는 바로 뒤에서 단번에 거리를 좁히는 거지. 뭐 대충 이런 방식."

"오!"

모두가 감탄했다.

"여자가 말을 거는 편이 경계가 덜 할 테니 나카야마 계장이 적임자가 아니려나."

"알았어. 절묘한 타이밍에 말을 걸어 주지."

나카야마 계장이 맡겨 두라는 얼굴로 답했다.

"어쩐지 시마 계장님이 말씀하시면 별거 아닌데도 대단한 것처럼 느껴지니까 너무 신기해요."

미도리카와가 신기하다는 얼굴을 하고 무례한 말을 아무렇지도 않게 했다.

"그렇지?"

시마 계장은 싱긋 웃으며 어른스럽게 대응했다.

둘의 대화를 듣고 조금 긴장이 풀어진 사토자키는 자신이 과하게 긴장했었다는 걸 느끼고 크게 심호흡을 했다. 침착하게, 침착하게. 사토자키는 마음속으로 그렇게 중얼거렸다. 그리고 방의 설계도를 가리키면서 방에 들어간 이후의 절차에 관해 설명했다.

"순조롭게 방에 들어가면 요코야마 씨가 주방을 막아 주세요. 위치는 여기니까 기억해 주시고요. 요시오카 씨는 저랑 같이 가와우에 씨를 막습니다. 시마 계장님은 어머니를 담당해 주세요. 우치다 씨는 어린이들 건강 상태를 체크해 주시고요. 나카야마 계장님하고 다마루는 전체적인 상황을 봐가면서 관계된 곳에 연락을 넣어 주세요. 심야에 가택 수색을 하게 될 경우는 방 안이 어두울 테니까 각자 손전등을 휴대해 주세요. 그리고 방 안 상태가 굉장히 안 좋을 수 있습니다. 다치지 않도록 이번에는 신발을 벗지 않고 들어가겠습니다. 다만 갓난아기가 바닥에서 자고 있을 수도 있으니까 잘못해서 밟지 않도록 발밑을 잘 살펴봐 주세요. 그리고 마지막으로 보고할 게 하나 있는데요, 오늘은 남부서 관내에 강도 사건이 발생해서 이쪽 가택 수색에는 경찰이 출동할 수 없다고 합니다. 그러니까 우리끼리 일을 진행해야 합니다. 질문 있으세요?"

사토자키가 말을 끝내자 시마 계장이 입을 열었다.

"다들 잘 들어. 사토자키 씨가 방금 말했던 것처럼 오늘은 경찰의 도움 없이 우리뿐이니까 긴장을 늦추지 않도록. 그렇게 난폭한 행동을 할 사람은 아닐 것 같지만 그래도 결코 방심해서는 안 돼. 가와우에 씨를 포함해서 누구 하나 다치지 않도록 긴장감을 갖고 임하자고."

"네!"

나카야마 계장이 자기 자리로 돌아가면서 사토자키에게 말했다.

"가택 수색은 매번 집에 들어갈 때 고생하기는 하지만 이번에는 특히 더 힘들 것 같네."

"그러게요. 이번 일의 성패는 나카야마 계장님이 말을 거는 타이밍에 달려 있어요."

"어머! 사토자키 씨. 지금 나한테 압박 주는 거야?"

나카야마 계장은 조금 무서운 얼굴을 하고 웃었다.

"아니, 그런 뜻은 아니고요……. 아, 맞다. 고토 씨, 대학병원 소아과 미아모토 선생님께 협력 의뢰 전화 좀 해 줄래요? 저는 교장 선생님하고 사토 씨한테 전화해서 부탁해야 해서요."

"뭐예요오. 말 돌리려고 급조한 듯한 그 의뢰느은? 진짜 별로야아. 중요한 일이니까 전화는 잘해 두겠지만요오."

"죄송합니다. 항상 폐를 끼쳐서……."

사토자키는 바로 교장에게 전화를 걸어서 능숙하게 상황을 설명했다. 사태가 임박했음을 안 교장은 바로 가와우에의 집 맞은편에 사는 학부모의 집으로 전화를 걸어 도움을 요청했다.

"여보세요, 사토자키 씨, 됐습니다. 협력하겠다고 하시네요. 집안에서 편하게 기다리셔도 된다고요."

"그래요? 정말 감사합니다. 저하고 다마루는 이제부터 집주인인 사토 씨 댁에 협력 요청을 드리러 갑니다. 그 일이 끝나면 맞은편 집으로 가겠습니다. 도착하면 교장 선생님께 전화를 드릴 테니까 뒷문을 좀 열어 달라고 해 주시겠어요? 현관으로 들어가면 눈에 띄니까요."

"알겠습니다."

"그리고 항상 부탁드리는 거지만 이상 업무에 협력하실 때는 비밀을 지킬 의무가 있으니까 아무 데도 말하지 말아 달라고 학부모님께도 꼭 전해 주세요."

"그 점에 대해서는 벌써 몇 번이나 강조해서 말씀드렸습니다."

"역시, 교장 선생님. 감사합니다. 그럼 다시 연락드릴게요. 잘 부탁드립니다."

교장과 대화를 끝내고, 사토자키는 바로 사토에게 전화를 걸었다.

"여보세요, 사토 씨 댁인가요? 아까 방문했던 중앙 어린이 가정 센터의 사토자키라고 합니다. 사실은 일을 서둘러야 할 상황이 돼서요. 정말 죄송합니다만 사토 씨의 힘을 빌려야 할 일이 있습니다. 그래서 정말 염치 없지만 다시 한번 방문해서 상의를 좀 드려도 될까요? 네, 네, 괜찮으세요? 감사합니다. 그럼 바로 가겠습니다. 잘 부탁드립니다."

전화를 끊은 사토자키는 다마루를 향해 말했다.

"좋아, 허락받았어. 다마루, 옷 갈아입고 바로 출발하자."

다마루는 어지럽게 전개되는 가택 수색의 진행 내용을 한순간도 놓치지 않으려고 집중하면서 세세하게 메모를 남겼다. 이번에는 사토자키가 지휘를 맡았지만 언제 자신이 그 일을 담당해야 할지 알 수 없다. 혹시 아동 상담소에 여러 건의 학대 신고가 들어와서 사토자키나 동료들의 도움을 받을 수 없는 경우에는 다마루 자신이 모든 대응을 해야 할 수도 있다. 그런 날이 그리 머지않아 찾아오리라는 것은 아동 상담소의 현재 상황을 봤을 때 쉽게 예상할 수 있었다. 느긋하게 공부하고 있을 시간 같은 건 아동 상담소 현장에서는 없다. 매번 몸으로 부딪쳐 가며 배울 수밖에 없다. 몸으로 익힐 수밖에 없는 것이다.

"자, 이걸로 갈아입자."

둘은 빠르게 작업복으로 갈아입고 사토의 집으로 향했다. 사토자키는 종이백 안에 아무렇게나 쑤셔 넣은 방검 장갑과 방검 조끼를 멍하니 바라보았다. 몇 시간 후에는 어떤 위험이 도사리고 있을지 알 수 없는 생판 남의 집에 억지로 들어가야만 한다. 그 현실이 새삼 무서워졌다. 혹시 다치기라도 하면……. 하지만 위험하든 위험하지 않든 아동 상담소 직원은 가택 수색을 해야만 한다. 어린이를 지키기 위해서는 몸을 사리고 있을 수만은 없다. 그것이 엄연한 아동 상담소의 현실이다. 어린이를 지키는 일. 그러나 어린이를 지키는 것은 그리 쉽지 않다.

"다마루, 도착했어."

"응, 가자."

사토는 싫은 기색 하나 없이 두 사람을 맞이했다.

"무슨 일이지요? 급한 일이라고 하셨는데……."

"네. 말씀드리면 놀라실 것 같은데……."

"괜찮아요. 전쟁 중에 공습도 겪었었는데요, 뭘. 아주 비참한 광경도 많이 봤지요. 어지간한 걸로는 놀라지 않을 테니 걱정하지 마세요."

"그게……, 조사를 하던 중에 뭘 좀 알게 돼서요……."

두 사람은 가와우에의 집에는 초등학교에 보내야 할 어린이가 있을 가능성이 크다는 것과 최근 며칠 사이에 아기를 집에서 출산했을지도 모른다는 것, 어린이들의 복지나 생명 안전을 위해서도 가택 수색을 통한 보호가 필요하다는 것에 대해 찬찬히 설명했다. 사토는 아주 침착한 모습으로 조용히 이야기를 들었다.

"그렇습니까? 알겠습니다. 협력하겠습니다. 다만 하나 여쭤봐도 될까요?"

"네, 말씀하세요."

"어린이들을 여러분 쪽에서 보호한 후에 말이에요, 그 어린이들은 부모와 못 만나게 됩니까? 어린이를 학교에 보내지 않는 건 잘못한 일이고, 요즘 같은 때에 아기를 집에서 낳는다는 건 굉장히 위험한 일이라는 것도 잘 알고 있지만, 그렇게 할 수밖에 없었던 힘든 사정이 있었던 게 아닐까 싶어서요."

"혹시 마음에 걸리는 일이 있으신가요?"

사토자키는 사토의 따뜻한 눈동자를 보며 말했다.

"저는 가와우에 씨가 그렇게 나쁜 사람이라고는 생각되지 않아요. 그러니까 집을 내준 거고요. 부모와 자식이 계속 떨어져 살아야 하는 건 아무래도 마음에 걸리네요. 어린이를 보호하는,

그 뭐라고 하더라 시설이라고 하나요? 그런 곳에서 보호하면 끝이라는 것도 그렇고요."

사토자키는 사토의 말을 듣고 있던 다마루의 표정이 풀어지는 걸 봤다.

"감사합니다. 사토 씨 같은 분이 집주인이라서 정말 다행이에요. 요즘은 어린이를 보호하려면 시설에 넣으라는 주민이 많은데, 오랜만에 사토 씨 같은 분을 만나서 정말 기뻐요. 절대 보호만으로 끝이라는 생각은 안 해요."

다마루는 기뻐하며 답했다.

"정말인가요?"

사토의 표정이 밝아졌다.

"사토 씨가 말씀하신 것처럼 가와우에 씨가 뭔가 사정이 있어서 지금 같은 생활을 할 수밖에 없다고 생각해요. 우리는 아이를 보호한 상태에서 관계 기관과 협력하면서 가와우에 씨가 겪고 있는 어려움을 같이 개선해 나갈 생각이에요. 그리고 가와우에 씨가 평범한 생활을 할 수 있게 되면 아이를 집으로 돌려보낼 거예요. 그때는 사토 씨께도 이것저것 상담하겠습니다."

사토자키의 설명에 사토는 매우 안도한 모습이었다.

"그런가요? 그 얘기를 들으니 안심이 되네요. 기쁜 마음으로 도울 일이 있으면 도울게요."

"감사합니다. 그리고 사족일지도 모르지만 사토 씨도 비밀을

지킬 의무가 있습니다. 이번 일은 결코 어디에서도 말씀하시면
안 됩니다."

"물론이지요."

사토자키는 앞으로의 진행 상황을 사토에게 설명했다. 사토
는 가와우에 앞으로 보낼 메모를 썼다. 방세 납입에 관해서 얘기
할 게 있으니 9시에 집으로 와 달라는 내용이었다. 밤에도 눈에
띄도록 하얀 봉투에 메모를 넣고 봉투 뒷면에는 사토의 이름을
적었다. 사토자키는 사토의 이름이 상대 쪽에서 잘 보이도록 봉
투 뒷면을 위로 해서 신문 투입구에 넣도록 사토에게 부탁했다.
보낸 사람이 사토인 걸 아는 편이 가와우에가 봉투를 볼 가능성
이 높다고 생각해서다.

준비가 완료되자 먼저 사토자키가 사토의 집을 나왔다. 감시
장소에 도착한 사토자키는 조용히 사토가 나타나기를 기다렸다.

잠시 후, 가와우에의 집을 감시하던 사토자키의 시야에 천천
히 걸어오는 사토가 나타났다. 사토는 아주 자연스럽게 봉투의
반 정도를 신문 투입구에 넣고는 서둘러 돌아갔다.

신문 투입구에서 빼꼼 몸의 반을 내밀고 있는 평범한 작은 봉
투가 묘하게 신비하고 섬뜩한 분위기를 풍기고 있는 것처럼 사
토자키는 느꼈다. 오늘 가택 수색의 성패는 바로 이 자그마한 봉
투에 달려 있는 것이다. 집안에서는 무슨 일이 벌어지고 있을
까? 봉투가 있다는 건 알아챘을까? 뭐라고 표현하기 어려운 긴

장갑이 사토자키의 몸을 감쌌다.

뭘까? 이 느낌은. 아까까지 느껴졌던 공포와는 다른 이 기분은. 몸속에서부터 솟아오르는 듯한 이 뜨거운 감각은.

사토자키는 어젯밤에 본 하얀 귀신을 떠올리며 가만히 봉투를 바라보았다. 귀신으로 착각했던 그 여자아이에게 햇볕이 내리쬐는 밝은 놀이터에서 마음껏 놀게 해 주고 싶다. 초등학교의 넓은 운동장에서 친구와 함께 신나게 달리는 모습을 보고 싶다. 그런 생각이 사토자키의 마음을 가득 채웠다.

얼마나 시간이 지났을까? 시계를 보니 4시가 조금 지나 있었다. 이미 1시간 이상 지났지만 봉투에는 전혀 움직임이 없었다. 사토자키는 편의점에서 사 온 삼각김밥을 가방에서 꺼내 조용히 입으로 옮겼다.

1시간 이상이 더 지났다. 주변은 점점 어두워지고 있었다. 사토자키가 페트병에 든 차의 뚜껑을 열던 그 순간, 하얀 봉투가 살짝 움직이더니 아주 조금 안으로 들어갔다. 우, 움직였다! 확실히 지금 아주 조금이지만 안으로 들어갔다! 사토자키는 바로 사토의 집에서 대기하고 있는 다마루에게 전화를 걸었다.

"여보세요, 다마루? 지금 봉투를 아주 조금 당겼어. 근데 그 상태에서 다시 멈췄어. 뭘까?"

"역시, 정말 경계심이 강한 사람이네. 조금 더 어두워지는 걸 기다렸다가 조금 당겨본 게 아닐까? 봉투에 뭐가 있는 게 아닐

84

까 확인했을지도 모르고. 더 어두워지면 다시 당길지도 모르니까 잘 보고 있어."

"알았어. 그때 다시 연락할게."

"봉투를 빼가면 이쪽보다 사무소에서 대기하고 있는 나카야마 계장님한테 먼저 연락해 줘."

"응, 그러네. 알겠어."

사토자키는 계속 봉투를 보고 있었다. 봉투에는 여자아이와 자신을 연결하는 생명줄이 걸려 있는 것처럼 느껴졌다.

7시 반을 넘어 주위가 완전히 어두워졌다. 거리의 윤곽은 제법 희미해졌지만 밝은 달빛이 거리를 창백하게 비추며 간신히 세계가 어둠에 삼켜지는 것을 막고 있었다. 하지만 사토자키의 눈에는 봉투가 온 힘을 다해 나약하게나마 스스로 빛을 발하는 것처럼 보였다. 그것은 마치 하얀 봉투가 어둠에 물려 있는 것처럼도 보였다.

가와우에는 반드시 메모를 읽을 것이다. 그렇게 믿고 사토자키는 그저 하얀 봉투에 의식을 집중했다. 한줄기의 밤바람이 사토자키의 뺨을 스치던 그때 느닷없이 봉투가 어둠 속으로 사라졌다. 한순간에 벌어진 일이었다. 들어갔다! 드디어 들어갔다! 사토자키는 서둘러 나카야마 계장에게 전화를 걸었다.

"여보세요, 나카야마 계장님이세요? 지금 봉투가 집 안으로 들어갔어요. 사무소에서 출발해 주세요."

"알았어. 바로 나갈게. 다마루 씨한테는 내가 전화할 테니까, 사토자키 씨는 그대로 계속 감시해. 그럼 다들 갑시다!"

"네!"

20분 후, 나카야마 계장과 아상의 직원들은 사토자키와 합류했다.

"어때? 무슨 움직임이 있었나?"

"아뇨, 아직 아무 움직임도 없습니다. 가와우에 씨가 사토 씨 집으로 8시 50분쯤 가지 않을까 싶어요."

"그래, 알았어. 다들 여기 좀 집중하세요."

시마 계장이 최대한 작은 목소리로 말을 하기 시작했다.

"아마 20분 정도 지나면 가와우에 씨가 방에서 나올 겁니다. 가와우에 씨가 사토 씨 집에서 돌아와서 방문을 여는 순간이 승부를 걸 순간입니다. 다 같이 몰려가면 바로 들킬지도 모르니까 저하고 사토자키 씨가 먼저 달려가겠습니다. 우리가 문 앞에 무사히 도착해서 문을 여는 데 성공하면 주방을 담당할 요코야마 씨를 선두로 해서 한 번에 들어가 줬으면 합니다. 갓난아기가 어디에 있을지 모르니까 아무쪼록 발밑을 조심하고 신중히 진행하도록 합시다. 사전 조사로 전등을 쓸 수 있다는 걸 알게 됐으니까 안에 들어가면 바로 불을 켜서 방 안의 상황을 확인할 수 있게 하고요. 알겠습니까?"

"네!"

"그럼, 저와 사토자키 씨는 여기에서 계속 감시할 테니까, 다들 집 안에서 기다리세요. 움직임이 있으면 바로 부를 테니까."

긴긴 20분이 지나고 있었다.

"시마 계장님, 가와우에 씨는 나올까요?"

사토자키가 불안한 듯 물었다.

"나오겠지. 돈 문제를 겪고 있는 가와우에 씨한테 집세에 관한 얘기는 지금 제일 중요한 문제니까. 반드시 나올 거야."

"그럴까요? 여기까지 일을 진행해 왔지만, 오늘 바로 반응이 있을지 걱정이 돼서요."

"쉿! 조용히 해봐!"

시마 계장이 사토자키의 말을 가로막은 순간, 가와우에의 집에서 문이 열리는 작은 소리가 들렸다. 드디어 시마 계장과 사토자키의 눈앞에서 주위를 살피듯 조용히, 그리고 천천히 문이 열리기 시작했다. 마치 살얼음판 위를 걷는 것처럼, 문은 소리를 내지 않으려고 신중히 레일 위를 움직이다가 10센티미터 정도 열린 상태에서 갑자기 멈췄다. 문 너머에는 달빛을 거부하는 듯한 시커먼 어둠이 섬뜩하게 입을 벌리고 있었다. 어둠 너머에 무언가 있는 게 느껴졌다. 숨을 죽이고 밖의 상황을 살피고 있는 걸까. 잠시 후 문은 다시 세심한 주의를 기울이며 레일 위를 움직이기 시작했다. 이번에는 20센티미터 정도 열린 상태에서 움직임이 멈췄다. 몇 초의 정적이 흐른 후, 문틀과 문 사이에 펼쳐진 시커먼 공간 속에서 갑자기 남자의 머리가 튀어나왔다. 어둠 속에서 떠오른 핏기 없는 잘린 목처럼 보였던 그 머리는 좌우를 두리번거리며 확인하더니 목 아래 몸통을 조금씩 달빛에 드러냈다.

검은 트레이닝 복에 검은 운동화를 신은 가와우에는 서둘러 문을 닫고 열쇠를 잠근 후 사토의 집이 있는 방향으로 빠르게 걷기 시작했다. 손바닥이 어둠에 흩날리는 커다란 나방 같았다.

가와우에가 눈앞에서 사라지자 사토자키는 바로 다마루에게 전화를 하고, 시마 계장은 집 안에서 대기하고 있는 다른 멤버들을 마당으로 불러 대기시켰다. 동시에 나카야마 계장은 뒷골목을 통해 오른쪽 사거리까지 가서 조용히 몸을 숨겼다.

멤버들 사이의 높아진 긴장감이 사토자키에게도 전해졌다. 제일 처음 들어갈 멤버는 방검 조끼의 벨트를 확인하고 방호화의 신발 끈을 단단히 묶고, 마지막으로 방검 장갑을 착용했다.

사토자키의 심장은 갈비뼈를 부수고 튀어나올 것 같이 마구 뛰었다. '진정해, 소타로. 천천히 심호흡해.' 사토자키는 마음을 진정시키려고 스스로 말을 걸었다.

"후우, 하아, 후우, 하아."

"사토자키 씨, 침착하게 가자고."

시마 계장이 사토자키의 어깨에 살며시 손을 올렸다. 사토자키는 아무 말 없이 조용히 고개를 끄덕였다.

다마루가 사토자키에게 전화를 받고 10분이 지나자 사토의 집 인터폰이 울렸다. 다마루와 사토는 얼굴을 마주 보고 조용히 고개를 끄덕였다. 다마루는 응접실 옆방으로 몸을 숨겼다. 사토의 행동은 아주 자연스러웠다.

"네, 누구십니까?"

"저, 저기 가와우에입니다."

"아이고, 가와우에 씨, 늦은 시간에 미안해요. 바로 열어 드릴게요."

다마루는 사토가 현관문을 열고 밖으로 나가는 소리를 들었다. 그리고 다시 현관문이 열리는 소리가 들리고, 사토와 가와우에가 집에 들어왔다는 걸 알았다.

"자아, 이쪽으로 오세요. 저쪽 소파에 앉아 있어요. 차 가지고 올 테니까."

잠시 후 사토가 차를 가지고 돌아왔다.

"가와우에 씨, 늦은 시간에 불러서 미안해요. 오늘은 좀 나갈 일이 있어서 조금 전까지 밖에 있다가 왔네요. 내일 말해도 되는데, 내가 성격이 좀 급해서 생각나면 뭐든지 바로 해야 하는 성격이라……. 그리고 돈에 관한 건 되도록 빨리 말하는 편이 좋지 않을까 싶기도 해서요. 아무튼 미안해요."

"아, 저, 그, 그래서 어떤 말씀이신지. 바, 방세에 관한 거라고……. 저, 저 방세를 올리시나요?"

굉장히 소심한 듯한 여린 목소리였다.

"아, 아뇨, 아니에요. 그런 건 아니에요. 요전에 가와우에 씨가 반년 치 방세를 한꺼번에 주셨는데, 앞으로는 매월 나눠서 내셔도 돼요. 주제넘은 말이지만 여러모로 사정이 있는 거죠? 아무래도 돈이 필요할 테니까."

"꽤, 괜찮습니까? 정말 매달 방세를 나눠서 내도 되나요? 저, 저에 대해서 아무것도 말을 못 했는데……. 그래도 됩니까?"

"네, 괜찮아요. 곤란할 때는 서로 돕는 거라고 하잖아요. 그 많은 공동 주택 중에서 저렇게 낡은 시라카바소를 선택해서 들어왔는데, 이것도 인연이겠지요."

"가, 감사합니다. 저, 정말로 감사합니다. 사실은 정말 경제적으로 어렵거든요. 덕분에 숨통이 트이네요. 감사합니다."

가와우에는 울 것 같은 표정으로 몇 번이나 머리를 숙였다.

"자, 자, 가와우에 씨, 그리 대단한 일도 아니니까 그러지 말아요. 이렇게 연이 닿아서 남편이 남겨 준 시라카바소에 들어와 줬으니까, 앞으로도 잘 지내봅시다. 나라도 괜찮으면 이야기 들어줄게요. 어려운 일 있으면 말해요."

"가, 감사합니다. 잘 부탁드립니다."

가와우에는 결코 많은 말을 하지 않았지만 사토도 필요 이상으로는 묻지 않았다. 둘은 아무렇지 않은 이야기를 아무렇지 않게 나누었다. 그 대화를 듣고 다마루는 사토라는 인물이 가와우에의 가정을 원조하는 데 핵심이 될 거라는 확신이 들었다.

"저, 저기, 죄송합니다. 이제 가 봐야겠어요."

"아, 그렇네요. 쓸데없는 말을 하느라 못 가게 막고 있었네. 그럼 무슨 일이 있으면 정말 사양 말고 상담해요."

"네, 감사합니다."

"그럼, 조심해서 가요."

"아, 안녕히 계세요."

가와우에는 아주 안심한 모습으로 돌아갔다. 다마루는 현관문이 닫히는 소리를 듣자마자 사토자키에게 전화를 걸었다.

"여보세요, 사토자키! 지금 가와우에 씨가 사토 씨 집에서 나갔어. 그냥 평범한 사람인데 굉장히 소심한 사람인 거 같아. 그래서 코너에 몰리면 겁에 질려서 앞뒤 안 가리고 덤빌지도 몰라. 그러니까 조심해. 인간은 궁지에 몰리면 생각지도 못한 힘을 발휘하니까. 나도 바로 뒤따라갈게."

"알았어. 사거리에서 대기하고 있는 나카야마 계장님한테는 내가 전화할게."

수화기를 통해 들려오는 사토자키의 작은 목소리에서 현장의 긴장감이 다마루에게도 전해졌다.

"사토 씨, 협력해 주셔서 정말 감사합니다. 저는 가와우에 씨 뒤를 따라가야 해서 다시 인사드릴게요."

"네, 얼른 가 보세요. 다마루 씨, 저 사람 상당히 곤란한 상황

같아요. 몸에서 냄새도 많이 나고, 머리에는 서캐가 잔뜩 붙어 있더라고요."

"알겠습니다. 감사해요. 그럼 가 보겠습니다."

다마루는 전쟁통에서 살아남은 사람의 담력은 이렇게나 다른 가 하고 사토의 침착함에 감탄했다. 다마루는 가와우에가 알아 채지 못하도록 충분한 거리를 두고 뒤를 쫓았다. 하얀 목덜미와 손바닥이 어둠 속에서 춤추고 있었다.

사토자키와 시마 계장은 가와우에의 도착을 가만히 기다렸 다. 멀리서부터 다가오는 희미한 발소리가 봄밤의 맑은 공기를 흔들며 사토자키와 시마 계장의 귀에 닿았다. 사거리에서 숨을 죽이고 있던 나카야마 계장의 눈에는 반대쪽 사거리를 돌아 나 온 가와우에의 모습이 확실히 보였다.

"왔어. 다들 준비해요. 사토자키 씨 발꿈치를 들고 발소리를 내지 않고 달리는 거야."

"앗, 네."

발소리가 가까워졌다고 느낀 다음 순간, 가와우에의 모습이 쓰윽하고 문 앞에 나타났다. 가와우에가 열쇠로 문을 열기 시작 했다. 예상보다 훨씬 빠르게 문이 열렸다고 생각한 그 순간, 기 합을 잔뜩 넣은 나카야마 계장의 목소리가 골목에 울려 퍼졌다.

"가와우에 씨죠?"

"헉!"

가와우에는 움찔하고 어깨를 움츠리더니 오른쪽으로 고개를 돌렸다. 나카야마 계장이 본 가와우에의 얼굴에는 말로 표현할 수 없을 정도의 공포가 가득했다. 가와우에가 겁에 질려 있는 한 순간의 틈을 타서 사토자키와 시마 계장은 단번에 거리를 좁혔다. 둘이 도로를 3미터 정도 달려왔을 때, 제정신으로 돌아온 가와우에는 무서운 속도로 집 안으로 몸을 숨기고 동시에 문을 닫았다. 그 순간 시마 계장이 들어본 적도 없는 큰 소리로 외쳤다.

"사토자키! 발! 밀어 넣어!"

"네!"

덜컹하고 둔탁한 소리가 나고 사토자키의 방호화가 문과 문틀 사이에 걸렸다. 집안에서 코를 찌르는 악취가 흘러나왔다.

"좋아! 열어!"

"네!"

가와우에는 온 힘을 다해 끙끙대면서 문을 닫으려고 애썼다.

"흭! 히, 우이, 익, 우히!"

문이 닫히지 않는 것에 당황한 가와우에가 사토자키의 신발 끝을 미친 듯이 몇 번이나 발로 밟으면서 필사적으로 문을 닫으려고 했다. 그 힘은 무서울 정도로 강했지만, 사토자키와 시마 계장이 온 힘을 다해 억지로 문을 여는 데는 당해내지 못했다. 사토자키와 시마 계장이 만든 틈을 통해 요코야마와 요시오카가 손전등을 들고 바람처럼 들어갔다. 요코야마는 손전등을 비추면서 신중하게 주방을 막고, 요시오카는 가와우에가 손을 못 쓰도록 뒤에서 양팔을 죄었다. 문이 완전히 열리자 사토자키와 시마 계장이 안으로 들어가고, 그 뒤를 나카야마 계장, 미도리카와, 우치다, 마지막으로 가와우에를 쫓아온 다마루가 뛰어 들어갔다.

"꺄아! 뭐예요? 당신들은!"

가와우에 부인이 지른 비명이 방 안에 울려 퍼짐과 동시에 불이 확 들어오면서 방은 하얀빛으로 가득 찼다.

"가와우에 씨, 아동 상담소에서 가택 수색 나왔습니다."

"뭐, 뭐, 뭐, 뭐야! 뭐냐고! 나, 나가! 빨리 나가라고! 놔, 놓으란 말이야!"

"진정하세요, 가와우에 씨!"

날뛰는 가와우에를 사토자키와 요시오카 둘이 억눌렀다. 사토자키는 이제껏 맡아 본 적도 없는 악취에 넋이 나갈 것 같았지만 온 힘을 다해 가와우에를 붙잡았다.

"이 이상 날뛰면 공무집행 방해로 경찰을 부르겠습니다."

다마루가 우렁찬 목소리로 외쳤다. 가와우에는 포기했는지 풀썩 그 자리에 맥없이 주저앉았다.

가와우에를 붙잡는 역할이 일단락되자 사토자키는 방 안의 모습을 확인했다.

방 안의 끔찍한 광경이 사토자키의 시야에 들어왔다. 비닐봉지에 담긴 대량의 쓰레기가 방 안에 넘치고, 그 사이에서 지금까지 본 적도 없을 정도로 커다란 먼지벌레가 새까만 등짝을 반짝이며 바글거리고 있었다. 기차역 등의 쓰레기통에서 자주 볼 수 있는 작은 갈색 날개 바퀴벌레도 제멋대로 돌아다니고 있었다. 그 수가 너무나 많아서 방 안의 어디를 봐도 눈에 들어왔다. 거기에 더해 초파리 떼가 날아다녀서 숨을 쉬는 것만으로 초파리가 입이나 코로 들어올 것 같아 신경이 쓰여 견딜 수 없었다. 먼지벌레나 바퀴벌레 같은 곤충만 있는 것이 아니었다. 쥐도 이쪽저쪽 돌아다니는 게 보였다. 그리고 사토자키는 그런 방 안에서 아무렇게나 깔린 이불 위에 누워 있는 여자아이와 수건으로 감싼 갓난아기를 안고 있는 엄마를 봤다. 갓난아기의 모습을 보건사인 우치다가 신중히 살펴보았고, 그 옆에서는 나카야마 계장과 미도리카와가 여자아이의 모습을 확인했다.

'역시 갓난아기가 있었구나! 굉장히 위험한 상황이었어!'

제정신이 든 사토자키는 발목에 이상한 느낌이 들어 천천히 자기 발목 쪽을 쳐다보았다. 신발에 갈색 날개 바퀴벌레가 잔뜩 올라타 있고, 몇 마리는 양말을 오르고 있었다. 온몸의 털이 곤두서고 소름이 돋았다. 작년에 미도리카와에게 전해 받았던 방임 케이스의 가정 방문이 떠올랐다. 사토자키의 정신은 먼 세계로 떠났다.

"히익!"

사토자키는 무의식적으로 뛰어올라 빠른 속도로 발을 탈탈

털었다. 시마 계장과 함께 가와우에 부인에게 가택 수색에 관해 설명하던 다마루가 그 모습을 보고 차갑게 말했다.

"미도리카와, 왜 저 녀석은 저런 데서 아이리쉬 춤을 추고 있는 거야?"

"잘 모르겠지만, 아마 발에 붙어 있는 바퀴벌레를 쫓으려고 그러는 거 같아요. 사토자키 씨, 일에 꽤 적응했다고 봤는데 바퀴벌레만큼은 극복을 못 하시네요."

"정말, 도움이 안 되네. 사토자키! 멍하게 있지 말고 대학병원에 전화해 줘!"

다마루의 호통에 다시 정신을 차린 사토자키는 동료들이 쥐나 바퀴벌레가 없는 것처럼 담담하게 책임을 다하고 있다는 걸 깨달았다. '대체 뭐 하고 있는 거야, 나는! 정신 차려!' 사토자키는 스스로 기합을 넣었다.

"미, 미안! 바로 전화할게."

다른 멤버들은 당황한 사토자키를 신경 쓰지 않고 임기응변으로 움직였다. 요코야마는 가와우에에게 가택 수색에 관해 설명하고, 가와우에가 다시 흥분하기 시작하자 달래면서 진정시켰다. 다마루와 시마 계장은 가와우에 부인을 대상으로 진술 청취를 했다. 다마루의 옆에서는 우치다가 갓난아기의 몸을 체크하고, 여자아이의 상태는 미도리카와와 나카야마 계장이 체크했다. 다마루는 가와우에 부인을 시마 계장에게 부탁하고 전체 상황을 파악하기 시작했다.

"우치다 씨, 아기 상태는 어때요?"

"음, 여기서 봐서는 잘 모르겠는데, 위생면에서는 걱정이 많이 되네. 탯줄 처리도 안 돼 있고, 몸도 너무 더럽고. 그래도 맥박은 잘 뛰고 있고, 다행히 쥐한테 물린 자국도 없어. 귀에 벌레가 들어간 것 같지도 않고. 모유는 먹였다고 하니까 영양 상태는 나쁘지 않을 것 같아. 다만 방금 어머니한테 들은 바로는 젖을 먹일 때 소독을 안 했다니까 좀 신경이 쓰이네. 어쨌거나 빨리 소아과에 데려가 봐야 할 것 같아."

"미도리카와, 큰애는 어때?"

"그게, 축 늘어져 있길래 열을 쟀는데요, 열이 높아요. 38.4도예요. 그리고 또 마음에 걸리는 게 있는데요……."

"무슨 일이야?"

미도리카와 대신 나카야마 계장이 어두운 표정으로 다마루에게 답했다.

"몸에 발진이 잔뜩 났어. 다리에 벌레에 물린 자국이 있는데, 진드기에 물린 건가 싶어."

"네? 나카야마 계장님, 무슨 일이에요?"

나카야마 계장의 말을 들은 우치다가 심각한 표정으로 그의 얼굴을 보면서 중얼거렸다.

"리케차……."

나카야마 계장은 가만히 고개를 끄덕이더니 말을 이었다.

"진드기에 물리면 발생하는 감염증이 몇 가지가 있는데, 일본 홍반열일지도 몰라. 방에 쥐도 있으니까 쓰쓰가무시병일 수도 있고…… 어느 쪽이든 처치가 늦어지면 생명이 위험해질 수 있으니까 서둘러서 병원에 가야 해."

"알겠습니다. 사토자키가 대학병원에 전화하고 있으니까 의사 선생님께 말씀드려 볼까요?"

"응. 사토자키 씨, 의사 선생님께 여쭤보고 싶은 게 있는데 전화 좀 갖다줄래?"

나카야마 계장이 한쪽에서 전화를 하던 사토자키에게 말했다.

"바로 가겠습니다! 네, 미아모토 선생님이세요."

사토자키는 무의식적으로 발을 파닥거리며 필사적으로 침착함을 유지하려고 했지만 걸음걸이는 우스꽝스러웠다. 다마루는 그 모습에 차가운 시선을 보내며, 어머니와 아이에 대해 능숙하게 나카야마 계장에게 전달했다.

"나카야마 계장님! 어머니 성함은 가와우에 사토코이고, 28살이에요. 큰아이 이름은 모모카, 2009년 5월 4일생으로 6살, 둘째 이름은 나나, 2016년 4월 1일생입니다."

"알았어. 여보세요, 미아모토 선생님이세요? 나카야마입니다. 지금부터 그쪽으로 6살 어린이를 데리고 갈 건데요, 몸에 붉은 반점이 많이 났어요. 일본홍반열이 아닐까 싶은데, 방에 쥐도 있어서 쓰쓰가무시병일 가능성도 있어요. 이름은 가와우에 모모카, 2009년 5월 4일생, 6살입니다."

나카야마 계장은 의사에게 정확하게 상황을 설명했다.

"발이나 손끝은 어때요? 거기도 붉은 반점이 있나요?"

"네, 있어요."

"그럼 일본홍반열일 가능성이 높네요. 쓰쓰가무시병은 몸통을 중심으로 붉은 반점이 나는 경우가 많거든요. 어느 쪽이든 테트라사이클린 계열 항생제가 유효할 테니까 빨리 데려와 주세요. 시가지에 사는 진드기니까 가능성은 작겠지만, SFTS(중증 열성 혈소판감소 증후군)에 감염이 됐을까 걱정스럽네요."

"그러네요. 어쨌든 될 수 있는 한 빨리 데리고 갈게요. 그리고 태어난 지 얼마 안 된 아기도 있는데요, 탯줄도 아직 처리가 안 된 상태인데, 비위생적인 것 외에는 눈에 띄는 외상도 없고 맥박도 잘 뛰는 것 같아요. 이름은 나나, 이 아기도 잘 부탁드려요."

"알겠습니다. 서둘러 데리고 오세요."

"네, 서두르겠습니다. 다마루 씨, 모모카는 한시라도 빨리 치료해야 하니까, 부모님께 설명 좀 해 줘."

"알겠습니다. 요시오카 씨, 아버님 좀 모시고 와 줘요."

"네! 아버님, 어머님 계신 쪽으로 가실까요? 아버님께 드릴 말씀이 있어요."

"가와우에 요시노부 씨, 저는 중앙 어린이 가정 센터의 다마루라고 합니다. 어머님께는 이미 설명해 드렸는데요, 모모카가 진드기에 물려서 발생하는 감염증에 걸렸을 가능성이 커요."

"진드기에 물린 정도로 병에 걸린다고요?"

가와우에가 의심스럽다는 듯이 말했다.

"확실한 병명은 말씀드리기 어렵지만, 이 병은 처치가 늦으면 굉장히 위험한 상태에 빠질 수 있어서 한시라도 빨리 병원에서 치료받아야 해요."

"목숨이 위험하다는 겁니까?"

"지금은 거기까지는 판단할 수 없습니다. 그리고 나나도 신생아니까 이 방에 그냥 두면 위생 면에서 굉장히 걱정되는 부분이 많고요. 출산도 여기서 하신 것 같고, 출산까지 한 번도 검진을 받지 않으셨다는 이야기는 부인께 들었습니다. 병원에서 건강 상태를 체크해 봐야 할 것 같아요. 지금부터 두 아이를 현립 대학병원 소아과에 데리고 갈 생각입니다. 아시겠죠?"

"자, 잠깐만요! 우리는 보험이 없어요. 병원에 가서 진찰을 받게 되면 치료비가 엄청나게 나올 거 아니에요! 우리는 그럴 돈이 없어요!"

"치료비는 우리 쪽에서 부담할 테니까 걱정하지 마세요. 그리고 오늘부터 당분간 두 아이는 아동 상담소에서 일시 보호하려고 합니다. 동의하십니까?"

"그, 그런 걸 동의할 리 없잖아요! 모모카도 나나도 제 아이입니다! 갑자기 쳐들어와서 데리고 간다니, 유, 유괴 아닙니까? 동의는 절대 안 할 겁니다!"

"아버님, 우리도 이렇게 거친 방법을 쓰고 싶지는 않습니다. 하지만 아동 복지법이나 아동 학대 방지법 규정으로, 어린이의 생명이나 복지가 지켜지지 않는다고 판단되는 경우에는 어린이를 보호하도록 명령하고 있어요. 그래서 이건 우리의 책무입니다."

"법률이 어쩌고저쩌고해도 납득이 안 된다고요!"

"일본은 법치국가니까요, 우리도 아버님도 똑같이 법률 규정을 따라야 해요. 만약에 일시 보호에 동의해 주시지 않을 때는, 아동 복지법 제33조 규정에 따라서 아동 상담소장 직무 권한에 따른 일시 보호를 실시해야 합니다. 직권에 따른 일시 보호를 실시하게 되면 아이들 면회를 자유롭게 할 수 없어요. 그 점 양해 부탁드립니다."

"그렇게 제멋대로! 그런 일이 정말 가능합니까?"

"가능해요. 어떻게 하시겠어요? 동의해 주시겠어요? 아버님께서도 지금의 상황이 아이들한테 좋지 않다고 생각하시지 않나요? 여러 사정이 있으시겠지만, 우리가 지원할 수 있도록 해 주세요. 최선을 다해서 도울게요. 아이들을 위해서라도 같이 힘내서 생활을 재건해 봐요."

"……생활을 재건……, 그런 일이 가능할 리가…….."

"아이들을 소중하게 생각하는 아버님, 어머님이라면 가능해요. 어쨌거나 지금 촌각을 다투는 상황이니까 병원으로 가겠습니다. 같이 가시겠어요?"

가와우에는 아무 말 않고 힘없이 고개를 끄덕였다.

"그럼, 다들 갑시다. 사토자키, 요시오카 씨, 요코야마 씨, 서둘러서 차 빼 주세요!"

세 사람이 편의점 주차장에 세워 둔 차를 가지러 간 동안 다마루는 대기 장소를 제공해 준 맞은편 집에 정중히 감사를 드리고 서둘러 차로 갔다.

"출발해요."

사토자키가 운전하는 차에는 조수석에 다마루, 뒷좌석에 시마 계장 그리고 가와우에 요시노부가 탔다. 요시오카가 운전하는 차에는 조수석에 나카야마 계장이, 뒷좌석에는 나나를 안은 가와우에 사토코와 보건사인 우치다가 탔고, 요코야마가 운전하는 차의 뒷좌석에는 모모카를 눕히고, 미도리카와가 간호를 맡았다. 미도리카와는 이투성이인 모모카의 머리를 주저하지 않고 다리 위에 살며시 올리고, 왼손으로 몸을 꼭 껴안았다. 차 세 대가 줄을 지어 차가 적어진 국도를 달려 대학병원으로 서둘러 갔다.

마의 순간

 가와우에는 차 안에서는 단 한마디도 하지 않았다. 그저 잠자코 고개를 숙인 채로 자기 신발만을 멍하니, 마치 이 세상의 종말을 목격한 것처럼 그저 멍하니 낡은 신발을 계속 쳐다보고 있었다.

대학병원 입구에는 미아모토가 몇 명의 간호사와 함께 스트레처를 준비해서 기다리고 있었다.

"그럼, 큰아이는 스트레처에 태워요! 우치다 씨는 아기를 데리고 따라오세요! 다마루 씨, 여기서부터는 우리 일입니다. 맡겨주세요! 처치가 끝나면 알려 드릴게요."

"그럼 부탁드릴게요. 우리는 부모님하고 홀에서 기다리겠습니다."

어둑한 소아과 접수 홀의 소파에 사토자키와 아동 상담소 일행이 가와우에 부부와 함께 조용히 앉아 있었다. 모두 한결같이 지쳐 있는 모습이었다. 다마루가 다정하게 부부에게 말을 걸었다.

"아버님, 어머님, 오늘은 정말 죄송합니다. 갑자기 벌어진 일이라 굉장히 놀라셨을 거고, 화도 많이 나셨을 거라고 생각해요. 정말 죄송합니다. 하지만 아까도 말씀드렸던 것처럼 이게 우리가 해야 할 일이에요."

"……."

부부는 가만히 다마루의 말을 들었다.

"어린이의 복지가 위협받거나 생명이 위험할지도 모른다는 신고를 받으면, 우리는 조사를 해야 해요. 긴급하게 대응해야 할 위험이 있다고 판단한 경우에는 오늘처럼 무리하게 가택 수색을 실시하기도 합니다. 그게 아동 복지법과 아동 학대 방지법이 우리에게 부과한 의무입니다."

"이제 됐어요……. 어차피 이제 끝이야. 우리를 경찰에 넘길 거잖아요. 아이들을 학대했다는 걸로……. 애들은 시설에 들어가고……. 교도소에서 나온 순간 빚쟁이들한테 쫓겨서 지옥 같은 나날을 보내게 될 거야. 이제 끝났어."

살짝 패닉 상태에 빠진 가와우에의 어깨에 사토자키가 손을 얹고 믿음직스러운 어투로 말했다.

"경찰에 넘기거나 하는 일은 없어요. 물론 어린이를 때리거나 발로 차거나 해서 다치게 하는 부모는 경찰에 넘기기도 하지만요. 그래도 우리 일은 본래 그런 일이 아니에요."

"그럼, 어떻게 하실 겁니까?"

"여러 가지 이유로 제대로 아이들을 양육하지 못하고 힘들어하는 가정과 함께 그 원인이 무엇인지 보고 생각해서, 적절한 양육을 할 수 있도록 조언해 주거나 지원을 해서 생활을 개선합니다. 그 과정에서 끊어진 지역 사회와의 연결 고리를 다시 한번 이어 줍니다. 그게 아동 상담소 본래의 일이에요."

"체포되지 않는 겁니까?"

반신반의하는 가와우에에게 사토자키는 조용히 말했다.

"그럼요. 가와우에 씨는 아무에게도 기대지 않고, 두 분이 한계를 넘어서까지 최선을 다하지 않았습니까. 아버님과 어머님의 노력은 정말 대단하다고 생각합니다. 제가 만약 두 분과 같은 입장이었다면 절대 이렇게까지 열심히는 못 했을 거예요. 두 분이 할 수 있는 건 이미 충분히 하셨어요. 모모카하고 나나를 위해서도 앞으로는 우리가 협력할 수 있도록 해 주세요. 다 같이 밝은 놀이터에서 놀자고요. 그럼 상황 판단을 위해서 이야기를 좀 들려주세요."

다마루는 사토자키의 상냥하고 사려 깊은 목소리를 가만히 듣고 있었다. 사토자키는 지금 가와우에 부부에게 한마디의 쓴소리도 하지 않고 그 노고를 위로하고 높게 평가하고 함께 힘내자고 격려하고 있다. 아동 상담소가 본래 클라이언트를 따뜻하게 지지하는 복지 전문 기관임을 사토자키가 제대로 알고 있다는 것에 다마루는 기뻤다.

"지금 이 상태에서 뭘 어떻게 한다는 겁니까. 쫓아다니는 빚쟁이들은 어쩌고요."

따져 드는 가와우에에게 사토자키는 얼굴을 찌푸리지 않고 상냥한 표정으로 말했다.

"그렇다는 건, 아버님을 괴롭히고 있는 건 빚이라는 거네요. 몇 군데에서 돈을 빌리셨어요? 열 군데 이상인가요?"

"아뇨, 그렇게까지는……. 세 군데입니다."

"뭐예요, 겨우 세 군데예요? 그럼 대출 상황도 확실하겠네요. 그렇다면 이야기가 쉽네요. 총액은 얼마 정도인가요?"

"지금은 3백만 정도까지 불었어요. 원래는 20만 엔씩이었는데, 그게 점점 이자가 붙어서……."

"세 군데에서 대출받았는데 합계가 3백만 엔이군요. 원금은 60만 엔이니까 법정 금리보다 높네요."

"그야 사채니까……."

"갚고 싶으신가요? 개인 파산이라는 방법도 있는데요."

"이유야 어찌 됐건 빌린 건 틀림없으니까 갚고 싶은 마음은 가득한데……."

"알겠습니다. 빚에 관련해서는 좋은 변호사가 있으니까 상담해 봅시다. 법정 금리를 초과한 부분은 갚을 필요가 없으니까 법률상 갚을 필요가 있는 금액만 계획을 세워서 갚도록 해요."

"사채업자가 납득할 리가 없어요."

"사채업자하고는 변호사가 확실하게 이야기를 할 겁니다. 그리고 변호사 비용에 관해서는 걱정하지 마세요. 대출금을 다 갚고 난 후 천천히 갚으면 되니까요."

"그게 가능합니까? 변호사 비용이 엄청나게 비싸거나 하지 않나요?"

"그런 변호사를 아동 상담소가 소개할 리가 없잖아요. 그 점에 대해서도 변호사를 만나면 제대로 설명해 줄 겁니다. 저도 같이 갈 테니까 안심하세요. 물론 이해가 안 가면 거절하셔도 되고요. 어떻게 하실래요?"

"알겠습니다. 갈게요."

"감사합니다. 내일이라도 갈 수 있게 알아보겠습니다. 그리고 일은 뭔가 하고 계신가요?"

"지금은 아무 일도 안 하고 있습니다. 빚쟁이들한테 걸리면 큰일이 나니까 밖에도 거의 안 나가서……."

"그럼 빚 문제가 해결되면 일도 하실 수 있겠네요."

"물론이죠. 그렇지만 이 나이에 아무 자격증도 없고……."

"운전면허는 있나요?"

"네, 그냥 일반 면허지만요."

"그거면 충분합니다. 유효기간은 안 지났나요?"

"네, 앞으로 1년 정도 남아 있습니다."

"알겠습니다. 그럼, 일에 관해서도 같이 찾아봅시다. 혹시 어머님께서도 상황이 좀 정리되고 나서 아르바이트를 하고 싶으시면 어린이집도 포함해서 우리가 상담해 드릴게요. 뭐든지 편하게 말씀해 주세요."

"그런 것까지 신경 써 주십니까? 그렇지만 어린이집은 비용이 많이 들지 않습니까?"

"어린이집 비용은 소득에 따라서 다르기 때문에 그렇게 많이 들지 않을 거예요. 어머님 아르바이트비하고 어린이집 비용을 비교해서 어느 쪽이 더 득인지 생각하시면 돼요. 물론 아직 시간이 있으니까 그렇게 서두르실 필요는 없어요. 순서대로 천천히 문제를 해결해 가요."

"아, 알겠습니다. 그, 그래도 정말 빚은 괜찮나요? 빚 갚으라고 무섭게 쫓아다니는 사람들은 없어지나요?"

"괜찮습니다. 지금까지 비슷한 사례가 많이 있었는데요, 변호사가 이야기해서 변제 계획을 확실히 세울 거니까요. 막무가내로 빚을 징수하러 오는 일은 없을 테니 걱정하지 마세요."

"변호사한테 상담할 생각을 안 해봤네요. 정말 숨어서 살지 않아도 되는 거죠?"

사토자키는 아무 말 없이 다정한 웃음을 지었다. 그리고 지금까지 어떻게 생활해 왔는지 천천히 두 사람의 이야기를 들었다.

가와우에 요시노부와 아내 사토코는 고등학교를 졸업한 후, 자동차 판매 회사에 취업했다. 사토코는 가와우에의 1년 선배였다고 한다. 가와우에는 영업을, 사토코는 접수를 맡고 있었다. 출신지는 달랐지만 둘 다 외동으로 한부모 가정에서 자랐다. 회사의 회식 자리에서 어쩌다가 옆자리에 앉으면서 서로 자란 환경이 비슷하다는 것을 알게 되었고, 이야기가 잘 통해서 가까워졌다. 1년 후에는 가와우에의 어머니가 돌아가시고, 2년 후에는 사토코의 아버지가 돌아가셨다. 둘은 천애 고아가 되어 한층 더 가까워졌다.

결혼 후 한동안은 순조로운 생활이 이어졌다. 사토코는 모모카를 임신하고 전업주부가 되어 출산 후에는 가사와 육아에 전념했다. 가와우에도 가정을 지탱하기 위해 열심히 일했지만, 원래 내향적인 성격에다가 언변도 없어 영업 실적이 어떻게 해도 오르지 않았다. 그 때문에 상사에게 심한 질책을 당했고, 점차 가와우에의 마음은 불안에 빠졌다.

걱정을 끼쳐서는 안 된다는 생각에 사토코에게 고민을 털어놓지 못한 가와우에는, 결국 상사의 질책을 견디지 못하고 사토코 몰래 회사를 그만두었다. 회사를 그만두었다는 말도 못 한 채, 가와우에는 매일 평소와 같이 집을 나서서 재취업 자리를 찾았지만 찾지 못했고, 결국 월급날에 사채를 쓰게 되었다. 그 상황이 3개월이나 이어졌고, 세 곳에서 60만 엔의 빚을 지게 된 것이다. 바로 빚쟁이가 집으로 찾아왔고, 사토코도 모든 상황을 알게 되었다.

가와우에는 아르바이트라도 해서 이자라도 갚으려 했지만 늘어나는 빚의 속도를 따라잡지 못했고, 빚쟁이들은 사토코에게 매춘업소에 나가서 돈을 벌어 오라고 압박했다. 그즈음 가와우에는 교통사고를 당했다. 다행히 가벼운 상처로 끝났지만 상대 운전자는 회사를 경영하는 사람으로, 속도위반까지 겹쳐서 어떻게든 사고 처리를 하고 싶어 하지 않았다. 50만 엔에 합의해 달라는 말을 듣고 가와우에는 그 조건을 받아들였다.

가와우에와 사토코는 그 50만 엔을 들고 야반도주를 결정한 후, 익숙한 사토코의 고향으로 도망쳐온 것이다. 그리고 오늘까지 그저 숨을 죽이고 숨어 살았다.

사토자키의 옆에서 가와우에의 이야기를 듣고 있던 다마루는 뭐라 표현하기 어려운 기분에 사로잡혔다. 가와우에 부부는 어디에나 있는 평범한 부부였기 때문이다. 자신들과 다를 게 없는 사람이 직장에서 잘 안 맞는 상사를 만난 것만으로 사회에서 밀려나 순식간에 상상도 못 할 정도로 열악한 환경에서의 생활을 강요당했다. 이 현실이 너무나 무섭고 슬펐다. 너무나 냉혹했다.

톱니바퀴가 맞물려 돌아가는 동안은 머물 곳이 있지만, 톱니

바퀴에서 한번 빠져나가 버리면 사회의 어디에서도 자신이 머물 곳은 사라진다. 그런 현대 사회의 냉혹함을 다마루는 새삼 마주한 것 같았다.

학대를 하는 사람은 자신들과 전혀 다른 사람이라고 생각하는 사람들이 많다. 하지만 그건 커다란 오해라는 것을 다마루는 이 상황을 통해서 다시 한번 느꼈다. 당연했던 생활이 어느 날 갑자기 당연하지 않게 되는 마의 순간이 사회에는 수없이 많다. 그런 마의 순간이 언제, 누구에게 찾아갈지는 전혀 예상할 수 없다. 안정적인 것 같은 생활도, 사실은 얇은 줄 위를 건너는 것 같은 불안정한 것에 지나지 않음을 다마루는 통감했다.

한편 사토자키는 이 가족을 다시 한번 사회와 연결하고 싶다고 생각했다. 모모카를 밝은 햇살 아래에서 마음껏 놀게 해 주고 싶다고 생각했다. 몸속 깊은 곳에서 커다란 에너지가 솟아오르는 느낌이 들었다.

"사토자키 씨, 다마루 씨, 부모님 모시고 이쪽으로 오세요."

어둑한 홀에 미아모토의 목소리가 울렸다. 사토자키는 가와우에 부부의 눈을 보며 가만히 고개를 끄덕이고 둘을 진료실로 안내했다.

진료실에 들어가니 바로 미아모토가 두 아이의 상태를 설명하기 시작했다.

"우선 나나는 아주 건강합니다. 감염병에도 걸린 것 같지 않습니다. 목욕시킨 후에 분유를 먹였고, 지금은 자고 있습니다. 그래도 혹시 모르니까 한동안 상황을 좀 지켜봅시다. 모모카는 아마도 진드기가 옮기는 감염병인 일본홍반열에 걸린 것 같습니다. 혈액 검사 결과가 나와야 확실하겠지만, 우선 테트라사이클린계 항생제를 투여하고 상황을 지켜봐야 해서 한동안 병원에 입원해야 합니다. 다른 감염병에 안 걸렸다면 안정될 겁니다. 질문 있으십니까?"

"저, 저기 모모카는 괜찮은 건가요? 좋아질 수 있나요?"

사토코가 걱정 가득한 목소리로 물었다.

"아직 예단은 금물이지만 며칠 두고 봐야 상황을 알 수 있을 거로 생각합니다. 홍반열에만 걸린 거라면 약이 효과가 있을 테니까 걱정하지 않으셔도 됩니다. 지금 상황에서는 이 이상 뭐라고 드릴 말씀이 없네요."

"선생님, 어, 어떻게든 잘 부탁드립니다."

가와우에는 미아모토의 손을 양손으로 꼭 잡고 간청했다.

"네, 최선을 다하겠습니다. 어떻게 하시겠습니까? 두 아이 다 자고 있는데 보시겠습니까?"

"네, 부탁드립니다."

미아모토를 따라서 가와우에 부부는 나나와 모모카, 각각의 병실에 들렀다. 나나는 못 알아볼 정도로 깨끗해져 있었다. 거무

스름했던 얼굴이 깨끗해지면서 무척 건강해 보이는 밝은 홍색을 띤 아름다운 피부가 되살아났다. 분유를 배부르게 먹고 만족했는지 행복한 얼굴을 하고 색색 잠들어 있었다. 그 모습을 보고 사토코는 그 자리에서 주저앉아 울었다.

"나나야, 미안해. 정말 미안해."

"어머니, 앞으로 함께 최선을 다해 봐요."

다마루가 사토코의 등을 부드럽게 쓸어내리며 속삭였다. 사토코는 좀처럼 나나의 침대에서 떨어지려고 하지 않았지만, 잠시 후 진정이 됐는지 미야모토에게 깊이 고개를 숙여 감사를 표했다.

일행은 모모카의 병실로 이동했다. 모모카는 열이 높은 탓에 호흡이 빠르고 아주 괴로워 보였다. 샤워는 못 했지만 깨끗한 옷으로 갈아입혀서 그런지 어느 정도 깔끔해진 느낌이었다.

"선생님, 우리 모모카 정말 괜찮을까요?"

사토코가 걱정스러운 듯이 물었다.

"최선을 다하겠습니다. 아까도 말씀드렸지만, 지금 단계에서는 뭐라고 확답을 드리기가 어렵습니다. 혈액 검사 결과가 나오면 조금 더 확실히 말씀드릴 수 있을 것 같습니다. 모레 정도면 알 수 있지 않을까 싶습니다."

"아무쪼록 잘 부탁드립니다. 우리 때문에 아이들이……. 모모카를 살려 주세요. 부탁드립니다."

"걱정되시겠지만, 아이들은 우리한테 맡겨 두시고 아버님과 어머님은 사토자키 씨나 다마루 씨하고 협력해서 하루라도 빨리 아이들과 함께 생활할 수 있도록 애써 주세요."

"네……."

"전화가 없다고 들었어요. 아이들의 상태에 대해서는 사토자키 씨나 아동 상담소를 통해서 전달하도록 하겠습니다. 그리고 여기, 유축기를 빌려드릴게요. 어머니는 젖이 차오를 테니까, 그럴 때는 이걸로 젖을 짜 두세요."

가와우에 부부는 불안한 표정을 하면서도 미야모토에게 깊이 고개를 숙여 인사했다. 사토자키가 풀이 죽어 있는 부부에게 조용히 말을 걸었다.

"아버님, 어머님, 집까지 모셔다드릴게요. 내일 10시쯤에 제가 댁으로 갈 테니까 같이 변호사 사무실에 상담하러 갑시다. 꼭 잘 될 거예요. 힘냅시다."

가와우에와 사토코는 가만히 고개를 끄덕였다. 기진맥진한 모습이었다. 사토자키와 다마루는 빈 껍데기만 남은 것 같은 두 사람을 차로 집까지 바래다주었다. 엔진 소리와 타이어가 바닥을 스치는 소리만이 어두운 차 안에 울렸다. 무거운 공기가 가득한 차 안에서 사토자키는 뭐라도 말을 해야 하나 생각했지만, 무슨 얘기를 해야 할지 도무지 생각이 나지 않았다. 심란해서 다마루를 봤더니 침착하게 가만히 조수석에 앉아 있었다. 그 옆얼굴은 아무 말 하지 않아도 된다고 말하고 있는 것 같았다.

두 사람을 집 앞까지 바래다주고 돌아가기 전에 사토자키가 입을 열었다.

"아이들은 아버님, 어머님을 틀림없이 보고 싶어 할 겁니다. 하루라도 빨리 아이들이 여기로 돌아올 수 있도록 내일부터 같이 힘냅시다."

그렇게 말하고 사토자키는 웃음을 띠며 가와우에와 사토코의 손을 꽉 잡고 악수했다. 가와우에와 사토코는 사토자키의 눈을 보며 작게 고개를 숙여 인사하고 집으로 들어갔다. 새까만 아스팔트를 푸르고 밝은 달빛이 비추고 있었다.

다마루는 사토자키의 어깨를 두드리며 수고했다고 말했다.

사무소로 돌아가니 다들 사토자키와 다마루가 돌아오기를 기다리고 있었다. 11시 반이 조금 넘었다. 긴긴 하루였다.

사토자키가 집 문 앞에 섰을 때는 이미 날이 완전히 바뀌어 있었다.

옷을 벗고 바로 욕실로 뛰어들었다. 뜨거운 물로 샤워를 하고 있자니 자신이 얼마나 피곤한 상태인지가 느껴졌다. 그러면서도 앞으로 가와우에 씨 가족을 지원해 가야 한다고 생각하자 몸을 씻는 손가락과 팔에 힘이 들어갔다.

사토자키는 소파에 앉아 드라이어로 머리를 말리기 시작했지만, 강하게 졸음이 몰려와서 몇 번이나 드라이어를 떨어뜨렸다.

겨우 이불로 기어들어 가 잠에 몸을 맡기려 했을 때, 사토자키는 갑자기 가슴이 조여오는 듯한 감각에 사로잡혔다. 가혹한 운명을 지고 있는 많은 어린이가 떠올랐다. 똑같이 이 세상에 태어났는데, 어째서 이렇게 다른 인생을 살아가지 않으면 안 되는 건가.

자식은 부모를 고를 수 없다. 그 말이 몇 번이나 가슴 속 깊은 곳에서 떠올랐다. 자신이 어디까지 할 수 있을지 알 수 없다. 하지만 저 아이들을 위해서 뭔가 하고 싶다. 뭔가 해야 한다. 눈물이 줄줄 흘러내렸다. 최근 1년간 사토자키는 몇 번이나 울었다. 하지만 그 눈물을 마시고 강한 의지가 뿌리를 내렸고, 싹을 틔워 지금의 사토자키를 만들었다. 사토자키는 그냥 울보에서 눈물을 힘으로 바꾸는 워커가 되어 온 힘을 다해 민원인과 마주하고 있다. 자신들이 포기하지 않고 계속 지원함으로써 가혹한 환경에서 생활하는 아이들이 따뜻한 가정을 알게 될지도 모른다.

포기할 수 없다. 사토자키는 내일을 믿기로 했다.

이음

다음 날, 사토자키는 사무소에 도착하자마자 공용차를 타고 가와우에 부부의 집으로 향했다.

가와우에의 집 문 앞에 선 사토자키는 조금 긴장했다. 어젯밤, 시마 계장과 함께 이 문을 억지로 열었던 걸 생각하니 가와우에가 나와 줄지 불안했다. 사토자키는 쭈뼛거리며 문을 두드렸다.

"가와우에 씨, 안녕하세요? 사토자키입니다."

곧 누군가 문으로 다가오는 느낌이 들었다. 자물쇠를 여는 소리가 나더니 문이 천천히 열리고, 안에서 가와우에가 조금 부끄러워하며 얼굴을 내밀었다. 가와우에의 그 표정을 보고 사토자키는 안심했다. 이 사람에게서 우리와 함께 하려는 마음이 느껴졌기 때문이다.

"저…… 빚은 정말 어떻게 되긴 하나요?"

전혀 믿을 수 없다는 표정으로 가와우에가 물었다. 하룻밤이 지나 진정이 된 건지 가와우에의 태도가 부드러워져 있었다. 사토자키는 가와우에의 불안을 지우듯 웃으며 잠자코 고개를 끄덕였다. 사토자키의 웃는 얼굴을 보고 가와우에도 웃었다. 사토자키가 오늘 할 일을 가와우에에게 전하자 그는 순순히 승낙했다.

우선 가와우에를 데리고 변호사를 만나러 가서 빚의 적정 상환을 위한 절차를 진행했다. 변호사는 익숙한 모습으로 가와우에의 상황을 확인하고, 바로 사채업자에게 전화해 협박성 추심을 하지 않도록 전했다.

다음으로 사토자키는 가와우에를 데리고 시약소로 가서 주민표 이전 절차를 설명하고, 될 수 있는 한 빨리 신청하도록 도왔다. 가와우에는 그렇게 서두를 필요가 없다고 생각했던 것 같았다. 그러나 주민표를 이전하면 시약소에서 일시적으로 국민건강보험증이 발급되고, 태어난 지 얼마 안 된 나나에게는 유아 의료권이 발급되어 취학 전까지 의료비가 무료가 된다고 하자 서둘러야 하는 이유를 이해했다.

오후에는 시약소의 아동 복지 담당자에게 도움을 받아 그 끔찍한 상태의 방을 청소하기 시작했다. 그 청소에는 사토자키의 제안으로 집주인인 사토도 참가했다. 까다로운 집주인이라면 그 방 상태를 보고 가와우에 부부를 당장 쫓아냈겠지만, 인정 많은 사토의 인품을 생각해서 사토자키는 청소를 부탁하기로 한 것이다.

사토라면 같이 방을 청소하면서 가와우에 부부의 신뢰를 얻을 거로 생각했기 때문이다. 사토에 대한 신뢰를 높여 가족 이외의 상담자를 만들어 둠으로써, 가와우에 부부가 사회와 다시 연결되는 데 커다란 힘이 되어 주기를 바랐던 것이다.

처음에 가와우에 부부는 방을 더럽힌 것에 대한 죄책감으로 사토의 얼굴을 제대로 쳐다보지 못했다. 하지만 사토의 따뜻한 모습에 점점 가와우에 부부도 긴장감이 풀어져 이야기에 활기를 띠었다.

청소 중에 사토자키는 가와우에를 데리고 중고 물품을 파는 가게에 갔다. 세탁기와 청소기를 산 후 약국에 들러서 비누와 세제, 훈연식 살충제와 이 퇴치용 스미스린 샴푸를 샀다. 장을 보며 이런저런 이야기를 하면서 가와우에는 더욱 사토자키에게 마음을 열게 되었다. 이것도 사토자키의 계획 중 하나였다.

사토자키는 가와우에와 사토코에게 이를 퇴치하는 방법을 설명했다. 샴푸는 유충이나 성충에는 효과가 있지만 알에는 거의 효과가 없다는 것, 늦게 부화한 유충을 죽이기 위해서 4일에 한 번씩 스미스린 샴푸를 쓰고, 그것을 서너 번은 반복해야 한다는 것을 자세하게 설명했다. 부부는 몇 번이나 고개를 끄덕이며 진지한 표정으로 사토자키의 설명을 들었다. 그리고 직업을 찾기 위해서도 제일 먼저 이를 퇴치해야 한다는 것을 잘 알고 있는 모습이었다.

다음 날, 부부는 목욕을 하고 스미스린 샴푸로 머리도 감고 못 알아볼 정도로 깔끔해져 있었다. 방에는 빨래한 옷이 널려 있었다. 그중에는 모모카의 옷인지 작은 아동복도 섞여 있었다. 사토자키는 이 사람들이 정말 평범한 부부라는 것을 다시 한번 강하게 느꼈다. 산산이 조각났던 생활이 조금씩 형태를 갖춰 가고 있었다. 그것은 마치 여기저기 흩어져 있던 퍼즐 조각이 점차 이어져 가는 느낌이었다.

결국 청소는 여덟 사람이 3일이나 걸려서 끝냈지만, 하루하루 깨끗해져 가는 방의 모습에 비례해서 가와우에 부부의 표정도 밝아져 가는 것을 보고 사토자키는 기뻤다. 그리고 그 3일간의 청소를 통해서 사토와 가와우에 부부는 마치 진짜 부모와 자식처럼 사이가 좋아졌다. 이런 모습에 사토자키는 뿌듯함을 느꼈다.

방 청소가 끝나가려고 할 때 사토자키의 전화가 울렸다. 미아모토에게서 온 전화였다. 모모카는 열이 내리고 상태가 안정됐으며, 나나도 건강하고 감염병에도 걸렸을 위험이 없으므로 면회를 와도 좋다는 내용이었다. 사토자키는 바로 사무소에 연락해서, 내일 가와우에 부부에게 아이들 면회를 시켜 주고 싶다고 전했다. 잠시 후 하세베 과장이 전화로 면회를 허락한다는 답을 줬다. 단, 혹시 모르니 동행할 인원수를 늘리라는 지시를 받았

다. 가와우에의 태도가 돌변해서 아이들을 강제로 데리고 사라

지는 사태를 방지하기 위해서다.

사토자키가 가와우에 부부에게 아이들의 상태와 내일 면회에

대해서 전달하자 둘의 표정은 확 밝아졌다.

"감사합니다. 사토자키 씨, 정말 감사합니다."

부부는 몇 번이나 사토자키에게 머리를 숙여 감사를 표했다.

두 사람은 모모카의 회복 소식을 듣고 정말 안심한 모습이었다.

"하지만 내일 바로 아이들을 데리고 올 수는 없어요. 생활이

어느 정도 기반이 잡힐 때까지는 일시 보호소에서 아이들을 맡

을 겁니다. 그 점은 이해해 주세요."

"알겠습니다."

"괜찮을 거예요. 순조롭게 진행되고 있으니까, 그렇게 먼 이야

기는 아닐 겁니다. 40만 엔 정도 있으시죠? 당장 쓸 생활비는 확

보돼 있으니까, 나나는 위생 면만 해결이 되면 빠른 시일 내에

가정에 복귀할 수 있을 겁니다."

"모모카는 어려운가요?"

부부가 입을 모아 물었다.

"모모카는 초등학교 입학 절차도 진행해야 하고, 그것 외에도

일시 보호 기간에 발달 상황도 확인해야 해요. 아동 심리사인 다

마루 씨가 발달 검사를 해서 현재 모모카의 발달 상황을 확인할

겁니다. 동시에 수업 진행 상황도 확인해서 학교와 조정도 할 거

고요. 그리고 순조롭게 입학할 수 있도록 발달 결과를 참고하면서 일시 보호소에서 모모카에게 공부를 가르칠 겁니다. 괜찮으세요?"

"그런 건가요? 그렇게까지 해 주시는군요……."

"최종적으로는 사무소 회의에서 결정하겠지만 3, 4주 정도면 모모카의 일시 보호도 해소되지 않을까 싶어요. 그 사이에 아버님과 어머님께는 초등학교 교장 선생님이나 지역 민생위원, 주임 아동위원 같이 상담해 주실 수 있는 분들을 소개해 드리겠습니다."

"알겠습니다."

"앞으로 낯선 동네에서 생활해 가실 테니까, 곤란할 때는 그분들께 뭐든지 상담하시면 돼요. 그리고 아버님은 헬로워크(공공직업안내소)에 저하고 같이 가시죠. 아르바이트라도 좋으니까 일자리를 찾아봅시다."

"아, 알겠습니다. 하, 할 게 많네요."

"네, 할 게 많죠. 최선을 다해서 하루라도 빨리 아이들을 데리고 옵시다. 그럼 내일 다마루하고 제가 10시쯤에 올 테니까 같이 대학병원에 가시죠."

"감사합니다. 잘 부탁드려요."

다음 날, 대학병원 한 병실에서 가와우에 부부는 모모카를 끌어안고 울었다. 목욕을 하고 머리를 감아서 깨끗해진 모모카의 그늘 없는 웃음이 부부의 마음을 흔든 듯했다. 이렇게 작은 어린 이에게 씻지도 못하는 생활을 강요했던 것이 얼마나 잘못한 일 이었는지 냉정하게 판단할 수 있게 된 지금, 부부는 조여드는 듯 한 가슴으로 그저 모모카를 껴안고 울었다.

"미안해, 모모카. 미안해……."

모모카는 엄마와 아빠가 우는 이유를 몰라서 조금 당황한 모 습이었다.

"아빠, 엄마, 왜 울어? 왜 모모카한테 미안하다고 해? 모모카 는 괜찮아."

모모카의 말을 들은 부모는 한층 더 가슴이 미어져 더욱더 강 하게 모모카를 끌어안았다.

그 모습을 보고 있던 사토자키가 갑자기 병실을 나갔다. 이상 하게 생각한 다마루가 사토자키를 따라 밖으로 나왔다. 사토자 키는 복도에서 조용히 울고 있었다.

"왜 너까지 우는 거야? 대체……."

다마루가 또냐는 표정으로 사토자키에게 말했다.

"기쁘잖아. 진짜 다행이다 싶으니까 눈물이 나서……."

"역시 너는 이상에 딱 맞아."

다마루는 빙긋이 웃으며 사토자키의 어깨를 가볍게 두드렸다.

"좀 진정되면 들어와. 나나 병실에도 가야 하니까."

"어, 응. 알았어."

다마루는 가와우에 부부와 모모카, 그리고 빨간 눈을 한 사토자키를 데리고 나나의 병실로 이동했다. 사토코는 의사의 허가를 받자마자 나나를 안았다. 마치 잃었던 몸의 한 부분을 되찾은 것처럼 소중하게, 그리고 사랑스럽게 나나를 가슴에 품었다. 그리고 가족은 간호사의 권유로 모두 수유실로 갔다. 그 모습을 보던 사토자키가 또 울먹거렸다.

"이제 그만!"

"아, 안다고."

사토자키의 뺨에 눈물이 흘렀다.

"어휴, 그만이라고 했잖아……."

"그러니까 안다고……."

잠시 후, 모유를 잔뜩 먹고 만족스러운 얼굴을 한 나나를 데리고 가족이 수유실에서 나왔다. 이번 면회로 부부는 어떻게 해서든 빨리 생활을 안정시켜야겠다고 생각했다.

다음 날부터 가와우에는 열심히 취업 준비를 시작했다. 헬로워크에 다니면서 차례차례로 면접을 봤다. 그 사이 나나는 집으로 돌아왔고, 가와우에의 직장 찾기도 한층 열기를 띠었다. 그리고 10일 만에 드디어 집에서 자전거로 30분 정도 거리에 있는 교외의 옷 판매점에 일자리를 얻었다. 처음에는 아르바이트부터 시작하지만 잘 적응하면 3개월 만에 비정규직이 될 수 있고,

순조롭게 진행되면 반년 만에 정규직이 될 수 있다는 가게였다. 가와우에는 익숙하지 않은 양복의 재고 관리를 열심히 했다.

한편 사토자키는 시약소와 민생위원, 주임 아동위원, 집주인 인 사토, 초등학교 교장을 모아서 개별 사례 검토 회의를 열고, 가와우에 부부를 지역에서 돕기 위한 돌봄망을 촘촘하게 구축 했다.

다마루가 모모카에게 실시한 WISC IV 발달 검사의 결과, IQ 는 96으로 약간의 경험 부족은 있지만 평균적인 발달 상황에 있 음을 알았다. 그 결과에 따라 일시 보호소에서는 모모카의 취학 을 위한 프로그램을 짜고 등교 준비도 착착 진행해 갔다.

그리고 가택 수색을 한 지 4주 정도가 지난 어느 날, 가와우에 부부는 중앙 어린이 가정 센터로 찾아왔다. 일시 보호소에 있던 모모카를 데리러 온 것이다. 가와우에 부부와 사토자키가 소장 실에서 기다리고 있는데 다마루가 모모카를 데리고 나났다.

보호소에 맡겨질 때는 진흙투성이였던 하얀 옷이 본래의 색 을 되찾아 모모카를 감싸고 있었다.

"엄마, 아빠!"

모모카가 활짝 웃으며 부모 앞으로 달려왔다. 사토자키는 그 모습을 감동스러운 표정으로 바라보았다. 다마루도 기쁘게 웃 고 있었지만 때때로 사토자키를 찌를 듯한 시선으로 바라보았 다. 그 눈은 사토자키에게 '울면 안 돼!'라고 무언의 압력을 넣고 있었다.

버스 정류장을 향해서 걸어가는 가와우에 가족의 뒷모습을 바라보며 사토자키는 다마루에게 말했다.

"좋은 일이지? 우리가 하는 일."

"그럼, 고달프지만 좋은 일이지."

시원한 봄바람이 사토자키의 뺨을 어루만지고 지나갔다. 중앙 어린이 가정 센터의 입구에 있는 커다란 벚나무는 아름다운 연둣빛 새싹이 무성했다. 산들도 밝은 연두색을 띤 봄 의상을 입고 있었다. 마치 가와우에 가족의 새 출발을 축하하듯 말이다.

3일 후, 사토자키는 가와우에 집 현관문 앞에 섰다.

"안녕하세요? 사토자키입니다."

"⋯⋯."

"이상하네. 아무도 안 계시나? 어쩔 수 없지. 시간 좀 때우면서 기다릴까?"

사토자키는 귀신 소동의 발단이 됐던 놀이터로 발을 옮겼다. 놀이터에 가까워지자 신난 어린이의 목소리가 들려왔다.

놀이터가 보이는 곳까지 간 사토자키의 발이 갑자기 멈췄다. 눈부시게 밝은 햇살을 받으며, 활짝 피어난 나무들로 둘러싸인 놀이터 안을 신나게 소리치며 뛰어다니는 모모카의 모습과 활기찬 모모카의 모습을 다정한 눈빛으로 흐뭇하게 바라보는 엄마의 모습이 눈에 들어왔기 때문이다. 모모카와 엄마, 유모차에 탄 나나가 빛나는 태양 빛 속에서 온몸을 맡기고 있는 모습은 어디에나 있는 평범한 가족의 모습이었다. 이 평범한 가족의 풍경이 얼마나 귀중한지 사토자키는 잘 알고 있었다. 사토자키는 큰 감동을 가슴에 품고 그 모습을 뚫어지게 바라봤지만, 이내 모녀의 모습도 아름다운 공원의 풍경도 형체를 잃고 빛나는 이슬이 되어 버렸다.

사토자키는 말을 걸지 않고 발길을 돌려 왔던 길로 돌아갔다. 오늘은 방해하지 말자. 내일 오면 된다.

하나의 가정이 빛을 되찾은 순간을 본 기분이었다. 다행이다, 정말 다행이다. 사토자키는 마음속으로 몇 번이나 그렇게 읊조리며 손수건을 눈에 대고 사무소로 돌아갔다. 무엇보다 가혹하고, 무엇보다 훌륭하고 신기한 이 일에 몸을 던질 각오를 하며.

화분

"아 진짜! 사토자키, 몇 번 말해야 알아들어! 아무리 상대가 흥분해서 심한 말을 한다고 해도 이쪽이 똑같이 흥분해서 화를 내면 안 된다고 했잖아!"

작은 회의실에 다마루가 사토자키를 질타하는 목소리가 울렸다.

"그, 그래도, 아무리 그래도 너무 말이 심하잖아! 죽어 버리라거나, 멍청한 얼굴을 하고 있다거나!"

"상대방이 도발한다고 부주의한 발언을 하면 거기에 말려드는 거야. 바로 인권침해네, 뭐네, 시끄러워지니까 무슨 말을 들어도 흘려듣고 침착하게 말해! 알았어?"

"알아! 머리로는! 그래도 계속 심한 욕설을 듣고 있으면 당연히 화가 나지!"

"그러니까 항상 얘기하잖아! 학대를 하는 사람은 자신이 어렸을 때도 심한 학대를 당한 경우가 많다고. 심한 말을 듣고 자랐을 테니까 아는 말도 그런 말밖에 없는 거야. 상대가 자란 환경에 공감할 수 있으면, 그렇게 화가 안 날 거야."

"그건 충분히 알고 있어……, 그래도……."

"그래도는 무슨 그래도. 값싼 자존심은 버리라고."

"자존심 문제가 아니라……."

"이쪽이 흥분하지 않으면 반드시 상대방도 침착해지니까. 그러면 상대방의 이야기에 공감해 주면서도, 안 되는 건 안 된다고 설명하면 돼. 법률로 정해져 있어서 어쩔 수 없다는 식으로 법률 탓을 하면 된다고 몇 번이나 연습했잖아. 알겠어? 목소리가 크면 이긴다고 생각하는 사람이 많으니까, 아무리 목소리를 높여도 무너지지 않는 벽도 있다는 걸 알려 주지 않으면 안 돼. 그걸 경험하지 않으면 이쪽이 깔아 놓은 판에는 오르지 않을 테니까."

"말이 쉽지. 화를 내지 않고 냉정하게 이야기를 듣고, 상대한테 벽을 알려 주고, 깔아 놓은 판에 오르면 상대의 살아온 배경을 충분히 공감해서 상대의 마음을 치유해 준다. 몇 번이고 몇 번이고 들어서 머리로는 알고 있어. 그래도 너무 어렵다고!"

"어려워도 자연스럽게 할 수 있을 때까지 몇 번이고 해야 해! 그럼 한 번 더!"

"또 해?"

"당연하지! 기운 내!"

"예, 예, 알겠습니다. 근데 롤플레잉 상대가 미도리카와 씨하고 고토 씨 조합일 때는 연기가 아닌 것 같아. 악의가 느껴진다고. 실제 면담에서 저렇게까지 악의를 느낀 적은 없다니까."

사토자키는 불만스럽게 말했다.

"말을 어떻게 그렇게 하세요? 모처럼 박진감 넘치는 연기로 롤플레잉에 참여해 줬더니!"

미도리카와가 미간을 찌푸리며 말했다.

"맞아요오. 우리라고 사토자키 씨하고 롤플레잉 하고 싶겠어요오. 하지만 사토자키 씨의 면담 기술이 너어무 낮으니까, 안타깝게 여겨서 같이 해 주고 있는 거라고요오. 싫어라아."

고토가 아주 귀찮다는 듯이 말했다.

"아이고! 이거 죄송해서 어쩌나 제 면담 실력이 형편없어서, 참나!"

시간이 허락되는 한 워커들은 면담 롤플레잉을 포함해서 각종 연수를 시행한다. 사토자키에게 있어서 이 롤플레잉은 몇 번을 반복해도 익숙해지지 않는 힘든 연수였다. 특히 다마루의 지도는 엄격해서, 면담 중의 사토자키의 표정부터 단어 하나 문장 하나까지 예리하게 체크했다.

끊임없이 계속되는 학대 신고에 대응하는 비법을 날마다 엄격하게 교육받으면서, 그리고 그사이에 행해지는 사실적인 롤 플레잉을 통해서 사토자키의 조사 능력이나 면담 기능은 서서히 단련됐지만, 그런데도 사무직인 사토자키는 오로지 앞을 향해 달릴 수밖에 없었다. 느긋하게 생각할 겨를이 없었다. 정신없이 달리는 것만이 사토자키에게 주어진 아동 상담소에서의 일상이었다.

계절은 순식간에 상쾌한 봄에서 무더운 여름으로 바뀌었다.

8월. 세상은 아지랑이에 휩싸이고, 매미가 맹렬히 합창하고 있다. 끊임없이 고막을 흔드는 대합창에 뇌 속에서 카테콜아민이 대량으로 분비되는지, 답답한 무더위가 한층 더해지는 것 같았다.

매미들이 만들어 내는 소음의 홍수에서 도망치듯 사토자키는 사무실로 뛰어들었다. 하지만 그곳에는 전화벨이 거대한 방울벌레처럼 요란하게 울어 대고 있었다. 조용함과는 거리가 먼 여름의 아동 상담소였다.

"아니, 에어컨 설정 온도가 28도라니, 이게 냉방인가요? 난방인 것 같은데. 이렇게 더우면 아무것도 할 마음이 안 생기네요."

더위에 짜증이 난 사토자키를 타이르듯이 다마루가 입을 열었다.

"그렇게 불평하면 더 더워진다고. 무념무상의 경지에 이르면 불도 시원해진다. 몰라?"

"몰라. 무념무상이라니 그게 돼? 다마루는 할 수 있어?"

"될 리가 있냐? 어휴, 더워."

"사토자키 씨, 보건소에서 사키야마 씨가 전화하셨어요. 방임 케이스일지도 모른대요."

"또? 3592번으로 전화 돌려 줘요. 네, 사토자키입니다. 안녕하세요? 오랜만이라고 하고 싶은데, 또예요? 그래서 오늘은 어떤 케이스인가요?"

"걱정할 일이 아닐 수도 있는데, 출산 후에 아직 한 번도 못 만난 어머니가 있어서. 핸드폰은 안 받고, 편지를 보내도 반응이 없고, 가정 방문을 해도 항상 집에 없고. 시간을 바꿔서 몇 번 가 봤는데도 못 만나서……. 어제 3개월 검진이 있었는데도 안 왔어. 왠지 신경이 쓰이네."

"출산했다는 사실을 안다는 건 의료 기관에서 출산했고 주민표도 있다는 거네요. 계속 이쪽에 살았던 사람이에요?"

"아니, 아니야. 출산하면 출생 신고를 시약소에 하잖아. 그때 주민표하고 같이 본적을 이쪽으로 옮겼어. 이쪽으로 오기 전에는 호쿠토시에 살았고, 본적도 그쪽이었나 봐."

"꽤 먼 지역에서 왔네요. 원래 여기 출신인 건 아니고요?"

"아닌가 봐. 본적은 계속 호쿠토시였고, 과거에 이쪽에 살았던 이력은 없어. 이력 상으로는 전혀 이쪽이랑 연이 없는데, 그것도 신경이 쓰여서……."

"출산한 병원으로 검진은 가고 있나요?"

"아니. 출산 후에 한 번도 병원에 안 왔대."

"그럼 출산 후에 병원 쪽도, 행정 쪽도 어머니랑 아이를 못 본 건가요?"

"그렇다니까. 그래서 신경이 쓰여."

"모자보건수첩은 어디서 만들었어요?"

"여기서 발급했어. 출생 신고서를 가지고 왔을 때 모자보건수첩이 없길래 발급해 줬지."

"그렇다는 건 호쿠토시에서는 임신한 후에 의료 기관에서 진찰을 안 받았을 가능성이 높네요. 확인하셨어요?"

"미안. 그건 확인 못했어. 이거저거 자꾸 물어봤다가 성가셔하면 앞으로 도움받기 어려울까 봐……."

"알았어요. 그건 이쪽에서 호쿠토시에 확인할게요. 그럼 주소하고 어머니랑 아이 이름 좀 가르쳐 주세요."

"고마워. 어머니 이름은 야마무라 스즈코, 1995년 6월 28일생, 21살. 아이 이름은 마코토, 2016년 5월 18일생. 주소는 야마노테초 3초메 2번지 35 코포야마노테 206호."

"네, 알겠습니다. 여기서 조사해 볼게요. 뭔가 있으면 바로 연락해 주세요. 자, 그럼. 다 들었지? 다마루."

"왜 다 들었다고 생각해?"

"너는 컴퓨터로 기록할 때 키보드가 깨지지 않을까 싶을 정도로 무섭게 두드리잖아. 그런데 내가 전화하는 동안은 중간, 중간 키보드를 두드리던 손이 멈추더라고. 온몸이 귀가 된 것처럼."

"후웅. 전화하면서도 주변 상황을 살필 수 있게 됐나 보네."

"그래서, 제가 뭐 빠뜨린 게 있었을까요?"

"아니요. 그것보다 빨리 호쿠토시에 전화해서 임산부 검진받은 이력이 있는지 조사해 봐."

"완전 다 듣고 있었네! 정말 나를 신뢰하지 않는다니까."

"믿고 있어. 내가 가르쳤으니까. 그냥 전화가 신경 쓰이는 내용이었을 뿐이야. 얼른 알아봐."

"네, 네. 알겠습니다. 조사할게요."

사토자키가 호쿠토시에 확인했더니, 야마무라 스즈코의 임신에 대해서는 전혀 파악이 안 되어 있었다. 즉, 임신해서 출산할 때까지 단 한 번도 병원에 간 적이 없다는 게 된다. 어떤 사정이 있었는지, 출산 직전의 몸으로 멀리 떨어진 알지도 못하는 곳으로 흘러들어 온 것이다.

사토자키와 다마루 사이에 불안한 기운이 감돌았다.

"사토자키, 바로 나갈 수 있어?"

"지금 바로 말씀이십니까?"

"그래, 지금 바로. 나갈 수 있어?"

"나가지요. 바로 나갑니다."

다마루는 뭔가 강한 불안을 느낀 것 같았다.

"다마루, 병원에서 출산해서 주민표도 있으니까 그렇게까지 걱정할 필요 없지 않을까?"

"그럴지도 모르지만, 임산부 검진에 한 번도 안 간 젊은 여성은 역시 신경이 쓰여. 임산부 검진은 어떤 지역이라도 공적 자금을 들여서 상당한 횟수를 이용할 수 있도록 해 주거든. 만약 아기의 건강을 생각한다면 돈도 안 드니까 검진은 받을 거야. 그런데 그런 기록이 없다는 것은 임신을 예상하지 못했거나 원하지 않았기 때문일지도 모르지. 그렇다면 어떻게 해서든 지금 우리가 관여할 필요가 있어."

"네 말이 맞는 것 같아."

"모처럼 영유아 검진이라는 망에 걸렸으니까, 이 기회를 놓쳐서는 안 돼. 만약 주민표를 옮기지 않고 도망가듯 이사를 가버리면 아무도 못 찾아. 거처불명 아동이 되는 거야. 사회에서 지워지는 거지. 그러니까 어떻게 해서든 지금 찾지 않으면 안 돼."

"그렇네. 가자!"

두 사람은 서둘러 현장으로 향했다. 뜨거운 햇볕 아래 방치돼 있던 공용차는 핸들이 탈 것 같이 뜨겁고, 차 안의 공간이 휘어져 있는 것처럼 느껴질 정도로 달궈진 공기로 가득 차 있었다. 열기가 폐를 가득 채우고, 시트에서는 엉덩이와 등을 구울 듯한 열기가 전해져 왔다. 사토자키는 마치 원적외선 그릴에서 구워지고 있는 느낌이 들었다.

"조사하러 가기 전에 열사병으로 죽을 거 같은데."

"일단 창문을 전부 열고 달려. 환기를 안 시키면 에어컨에서 찬 바람도 안 나와."

한여름의 찌르는 듯한 햇살에 집요하게 쫓기면서 사토자키는 차를 몰았다. 저 멀리 앞쪽에는 새파란 하늘 속의 산들이 등에 거대한 뭉게구름을 지고 있었다. 어린 시절의 그리운 여름 경치가 둥실 떠 있는 듯했다. 하지만 사토자키의 주변 경치는 모든 것이 강렬한 자외선에 타서 일그러져 있었다.

"그나저나 오늘 진짜 너무 덥네. 대체 몇 도야? 아, 찾았다. 여기네. 코포야마노테. 2층 206호지?"

"가자."

"예, 예."

둘은 건물의 녹슨 바깥 계단을 뛰어 올라갔다.

"안녕하세요? 야마무라 씨, 계십니까? 없나? 사토자키, 어머니 핸드폰으로 전화 좀 해봐."

"알겠습니다요. 지금 벨이 울릴 텐데……. 방 안에서는 아무 소리도 안 들리는데? 집에 없나 봐."

방은 쥐 죽은 듯이 조용했다. 둘은 잠시 방 안의 상황을 살폈지만 소리 하나 들리지 않고 인기척도 없었다.

"다마루, 야마무라 씨가 맞는지는 모르겠지만 누가 살기는 사는 것 같아. 전기미터기도 돌아가고, 냉장고 정도는 있는 것 같은데. 창문이나 문 주변에 거미줄도 없고."

"그렇네. 벽에 부동산 간판이 붙어 있었지? 거기에 연락해서 부동산 위치 좀 알아봐 봐. 가서 지금 누가 사는지 확인해 보자."

"오케이."

둘은 차로 10분 정도 거리에 있는 부동산으로 향했다.

"안녕하세요? 조금 전에 전화를 드린 아동 상담소의 사토자키라고 합니다."

"아, 네. 어서 오세요. 이쪽으로 들어오세요."

"실례합니다."

"지점장 사와무라입니다. 코포야마노테 206호 말씀하셨죠?"

"맞습니다. 그 방에 어떤 분이 사는지 말해 주실 수 있나요?"

"아니 그건, 개인정보인데."

"개인 정보 보호법 말씀이시죠? 아동 학대에 관한 조사에 정보를 제공할 때는 개인 정보 보호법이 적용되지 않습니다."

"그게 정말입니까?"

"아동 학대 방지법은 학대 의심만으로도 신고하는 것을 국민의 의무로 정하고 있어요. 개인 정보 보호가 우선이 되면, 아동 학대 방지법이 정하고 있는 국민의 신고 의무를 완수할 수가 없으니까요. 살릴 수 있는 생명을 살리지 못하면 안 되잖아요. 그러니까 그 점에 대해서는 안심하셔도 됩니다. 다른 부동산에서도 협력해 주셨고요, 나중에 문제가 되는 일은 없을 겁니다."

"그, 그렇습니까? 그렇다고 한다면. 보자, 206호는 야마무라 씨네요. 야마무라 스즈코 씨."

"직장이 어딘지는 아십니까?"

"확실히는 모르겠는데 아이가 태어나니까 그때까지는 일을 못 하지만 아이가 태어나면 일하기로 했다는 곳은 가르쳐 주더라고요. 그런데 지금 거기서 근무하는지는 모르겠어요. 디올이라는 룸살롱에서 일하는 걸로 돼 있네요."

"근무처가 확실하지 않은 사람한테 방을 빌려주는 건 불안하지 않으세요?"

"물론 불안하지요. 그래도 임신한 몸이고, 곤란해 보이기도 했고요. 그리고 무엇보다 4개월 치 방세를 보증금하고 같이 낸다고 하니까 우선 그걸로 됐다 싶어서……."

"그랬군요. 협력해 주셔서 정말 감사합니다."

부동산을 나온 두 사람은 다시 야마무라의 집으로 향했다. 정오를 조금 넘긴 시각이었다.

"아무래도 돈이 궁하지는 않은 것 같은데."

"그럴까? 방세를 한 번에 몇 달 치를 냈다고 해서 돈이 있다고 하기는 어렵지. 가와우에 씨도 그랬잖아. 고등학교를 졸업하고 일하면서 어느 정도 돈은 모았겠지. 어쩌면 임신 때문에 일을 그만둬야 했을 수도 있고. 지금은 저금해 놓은 돈을 까먹고 있거나, 실제로 룸살롱에서 일하거나…… 어느 쪽이든 별로 안정적인 생활을 하고 있을 거라고 생각하기는 어렵지만."

"아직 21살이지? 상식적으로 그렇게 돈이 많을 리가 없겠네."

"혹시 룸살롱에서 일한다면 출근 전에 집에 들를지도 모르니까 잠복해 있자."

"알았어. 조금 늦었지만 편의점에서 점심 좀 사 올까?"

"그러네. 우리 점심 안 먹었구나!"

둘은 공동 주택 근처에 있는 편의점에 들러서 점장에게 학대 조사 중임을 설명하고, 잠시 주차장에 차를 세우게 해달라고 부탁했다. 점장은 흔쾌히 받아들여 줬고, 둘은 삼각김밥과 샌드위치를 조금 많이 사서 이동하며 입안 가득 넣고 먹었다. 공동 주택 근처에서 잠복하기 좋은 나무 그늘을 발견하고는 하염없이 야마무라의 귀가를 기다렸다. 4시가 넘은 시각, 서쪽으로 기운 햇볕을 받으며 화려한 복장을 한 여성이 공동 주택을 향해 걸어왔다.

"맞는 거 같지?"

"응, 맞는 거 같아."

"근데 아기가 없는 거 보니까 아닐 수도 있겠는데?"

"그러네……."

그 여성이 앞을 지나가자, 둘은 별거 아닌 대화를 하면서 거리를 좁혔다. 미묘한 거리를 유지하면서 뒤따라가다 보니, 그 여성은 코포야마노테의 계단을 오르기 시작했다. 틀림없다고 둘은 생각했다. 206호 앞에 선 순간 말을 걸어, 집으로 들어가기 전에 바로 옆까지 다가가는 게 다마루의 작전이었다.

여성은 2층 복도 안쪽으로 불안한 걸음으로 걸어가다가 206 호 앞에서 발을 멈췄다.

"저기요."

여성은 의아해 하는 얼굴로 다마루 쪽을 쳐다보았다.

"나? 뭐야?"

"안녕하세요? 야마무라 스즈코 씨 되시죠?"

다마루가 그렇게 말하자 야마무라는 깜짝 놀란 표정을 지었다.

"뭐, 뭐야? 누구야 당신들?"

"저는 아동 상담소에서 나온 다마루라고 합니다."

"사토자키라고 합니다."

"아, 아동 상담소? 아동 상담소가 무슨 일로? 내 이름은 어떻게 아는 거야?"

"야마무라 스즈코 씨가 맞네요. 잠시 여쭤볼 게 있는데요."

"바빠. 할 말도 없고!"

"보건소의 요청을 받아서 조사하러 왔어요. 건강 검진에 마코토를 데리고 가지 않으셨죠? 그 일로 왔는데요."

"무슨 상관이야! 가!"

"상관이 있어요. 이게 우리의 중요한 일이니까요. 마코토의 안전을 확인할 때까지 못 갑니다."

"왜 못 가?"

"학대 신고를 받으면 48시간 이내에 대상 아동의 안전을 눈으로 직접 확인하도록 조례로 정해져 있거든요. 때에 따라서는 경찰에 연락하지 않으면 안 될 수도 있고요."

"겨, 경찰?"

"여기서는 좀 그러니까 안에서 얘기하실까요?"

"아, 알았어. 일하러 가야 하니까 잠깐만이야!"

"감사합니다. 30분 정도면 되니까요. 잠깐 들어가겠습니다."

야마무라 스즈코를 따라서 다마루와 사토자키가 집으로 들어갔다. 전혀 사람이 생활하는 공간이 아닌 것 같이 살풍경한 집이었다. 다마루의 표정이 단번에 어두워졌다. 바로 원래대로 돌아오긴 했지만 면담을 할 때 감정을 얼굴에 잘 드러내지 않는 다마루가 이렇게 표정이 어두워지다니, 사토자키는 이런 다마루의 모습을 처음 봤다. 다마루는 뭔가 알아챈 것이다. 사토자키는 그렇게 생각했다.

현관에 들어서자 싱크대와 가스레인지가 있는 작은 주방이 있고, 그 오른쪽 구석에는 욕실 입구로 보이는 문이 있었다. 주방 안쪽으로는 6조(약 3평) 정도 되는 거실과 베란다가 보였다. 거실에는 작은 고타츠 테이블과 아무렇게나 화장품을 넣어 둔 작은 수납장이 놓여 있었고, 그 위에 지문투성이의 커다란 거울이 얹혀 있었다.

스즈코는 코타츠 테이블에 가방을 놓고, 허둥지둥 앉았다.

"거기 앉아."

사토자키와 다마루는 테이블을 앞에 두고 스즈코 쪽을 보며 앉았다.

"그래서 뭐야?"

"어머니, 마코토를 1개월 검진 때 병원에 안 데려가셨죠? 그리고 어제 보건소에서 실시한 3개월 검진에도 안 데려가셨고요."

"바빠서 그랬어."

"보건사가 마코토하고 어머니를 걱정해서 몇 번이나 가정 방문을 했던 모양인데 못 만났다고 하더라고요. 그래서 걱정이 된다고 우리한테 연락을 했고요. 그게 오늘 우리가 이렇게 찾아온 이유입니다. 보아하니 아이를 키우시는 모습이 안 보이는데 마코토는 어디 있나요?"

스즈코는 뭔가 안절부절못하는 것처럼 보였다.

"맡겼어."

"누구한테 맡기셨어요? 그럼 모유는 그쪽으로 가서 주시나요? 이 시기에는 젖이 차서 힘들지 않으세요?"

"나, 나는 원래 모유가 잘 안 나와서 분유로 키워. 그러니까 그렇게 걱정할 거 없어! 그리고 애초에 그런 게 당신하고 무슨 상관이야!"

"그러니까, 상관이 있다고 말씀드렸잖아요. 마코토가 무사한 걸 확인하지 않으면 돌아갈 수 없어요. 법률로 정해져 있는 거라서 우리는 거기에 따라야 해요. 어디에 맡기셨어요?"

"……."

다마루는 조금 말투를 편하게 해서 이야기의 흐름을 바꾸기로 했다.

"마코토 아빠는 어디에 있어?"

"응? 아빠? 그런 거 몰라!"

"모를 리가 있나. 호적에 이름은 못 올려도 짐작이 가는 사람은 있을 거 아냐. 양육비는 줘?"

"자기 애라는 걸 인정도 안 하는 사람이 양육비를 줄 리가 없잖아! 바보 아니야!"

"역시, 알고 있네. 회사 사람이야?"

스즈코는 아무 말 없이 고개를 끄덕였다.

"상대가 자기 애라고 인정하기 싫어할 만한 관계였어?"

"어, 음, 맞아! 불륜이야, 불륜! 아내랑 헤어지겠다고 해놓고 애가 생기니까 바로 태도가 돌변해서는…… 나쁜 놈! 생각하니까 열받네!"

"그래도 임신 중절은 하려고 하지 않았다. 그 사람을 좋아해서. 그래서 임신 중절은 못 했다."

"아는 척 하지마! 네가 뭘 알아!"

"내가 어떻게 알아. 그러니까 묻잖아. 힘이 돼 주고 싶어. 한부모 가정이면 아동 양육비를 보조해 주는 제도도 이용할 수 있고, 그런 제도를 이용해서 생활을 안정시킬 수 있으면 좋잖아. 협력할 수 있게 해 줘."

"좀 내버려둬!"

"내 일은 내버려두는 일이 아니라니까."

"이것 보라고! 걱정하는 척하면서, 결국 업무잖아!"

"맞아, 일이야. 그래도 나는 이 일이 좋아."

"허, 뭐야!"

"있잖아, 무슨 일이 있었어? 출산 직전에 무거운 몸으로 호쿠토시에서 일부러 이렇게 먼 곳까지 이사를 온 거니까, 뭔가 이유가 있는 거지? 말해 줘."

"……회사 상사였어. 다정하고. 나는 아빠가 일찍 돌아가셔서 거의 기억이 없거든, 그래서 처음에는 아빠 같이 느껴졌어. 이혼하고 나랑 결혼하겠다고도 했고."

"믿었구나."

스즈코는 작게 머리를 끄덕였다.

"원래 생리 불순이 있어서 몇 개월씩 생리를 안 할 때도 자주 있었거든. 그래서 임신 사실도 늦게 알았어. 배도 그렇게 금방 부르는 게 아니잖아. 설마 했는데 점점 배가 불러오더라고. 기뻤어. 처음에는……. 그런데 그 사람한테 얘기했더니 자기 애인지 어떻게 아냐고 하더라고, 나쁜 놈!"

스즈코는 조금 흥분해서 말투가 세졌다.

"그래, 그랬구나."

"애를 지울까도 생각했어. 그런데 산부인과에 전화해서 물어보니까, 상대 남성의 동의를 받아오라는 거야. 그 사람은 자기애가 아니라는데, 동의서에 사인해 줄 리가 없잖아. 어떻게 해야좋을지 고민하던 중에 시기를 놓쳐서……."

"괴로웠겠네……."

"배도 점점 눈에 띄게 불러오고, 회사에서도 동네에서도 있기가 불편해졌어. 어딘가 아무도 모르는 먼 곳으로 가서 낳을 수밖에 없다고 생각한 거야. 인터넷에서 이것저것 찾아보다가 지금다니는 룸살롱에 사진을 보냈더니 출산 후에 일하게 해 준다고하더라고. 그래서 여기까지 온 거야."

"어머니한테는 말씀드렸어?"

"그런 여자. 내가 고등학교 때 어떤 남자 집에 들락거리더니거의 집에 안 오더라고. 정신을 차려보니 없어졌어. 방세도, 고등학교 학비도 전부 내가 아르바이트해서 낸 거야. 나, 일가친척이 없어서 취업할 때도 담임이 보증인이 돼 줘서 겨우 취업할 수있었어."

"그래. 고생 많았네. 계속 혼자 애썼구나. 대단하네. 그렇게 노력해 왔으니까 이제부터는 우리가 좀 돕게 해 줘. 아는 사람 하나 없는 이 동네에서 혼자 살아가는 거 힘들잖아. 조금만 도울게. 마코토는 어디 있어?"

"말했잖아. 맡겼다고……."

"누구한테?"

"친구."

"일가친척이 없다고 했지? 그래. 그럼, 그 친구 이름하고 주소 좀 가르쳐 줘."

"왜, 그런 것까지 가르쳐 줘야 해? 친구를 귀찮게 하는 거 싫어. 이제 됐잖아! 마코토는 친구 집에 있다는 걸 알았으니까. 그럼 된 거 아니야? 일하러 가야 해. 바쁘니까, 인제 그만 가 봐."

사토자키는 다마루 옆에 앉아서 가만히 이 대화를 듣고 있었다. 스즈코는 다마루가 마코토에 대해 말을 할 때마다 눈에 띄게 초조해하는 눈치였다. 초조해하는 건지, 아니면 불안의 반증인 건지. 뭔가가 있다. 뭔가가. 사토자키는 막연한 불안을 느꼈다.

"몇 번이나 말하지만, 마코토의 얼굴을 볼 때까지는 못 가. 우리도 법률로 묶여 있어서 어쩔 수가 없어. 친구는 근처에 살아? 아니면 다른 지역에 살아? 연락처를 가르쳐 주면 그 후에는 우리가 알아서 확인할 테니까. 어쨌든 무사한 게 확인되면 귀찮게 안 할게."

"……."

스즈코는 매우 당황한 모습이었다. 방 안이 더운 것도 있지만 당황한 듯 이마에 계속 솟아나는 땀을 손수건으로 바쁘게 닦아

냈다. 아이 이야기만 나오면 시선을 맞추려 하지 않는다. 스즈코는 뭘 숨기려는 걸까? 사토자키는 스즈코와 다마루의 대화를 들으며 줄곧 생각했다.

"큰 화분이네. 뭐 키웠었어? 나, 좋아해, 꽃 키우는 거. 어머니도 그래?"

다마루가 갑자기 베란다에 홀로 놓여 있는 화분을 바라보며 그렇게 말했다.

"벼, 별로……."

"그래도 뭔가 심었던 거 아냐? 화분이 꽤 큰데, 뭐 심었었어?"

"무슨 상관이야, 그게! 꽃 얘기하러 온 거 아니잖아! 마코토에 관해서 물으러 온 거 아니야? 그런 이야기할 거면 돌아가!"

"왜 그렇게 화를 내? 무슨 꽃을 키웠는지 물어본 것뿐인데 그렇게 화낼 필요 없잖아. 뭘 신경 쓰고 있는 거야?"

"별로 신경 쓰는 거 없어. 튤립이야, 튤립!"

"그래, 튤립. 무슨 색 꽃이었어?"

"응? 색? 빨간색이야. 그런 거 물어서 뭘 어쩌려고! 이제 됐지?"

"알뿌리는?"

"뭐? 알뿌리라니 무슨 말이야?"

"알뿌리는 어디에 있어?"

"화분 안에 있겠지! 바보야?"

"어머, 꽃집에서 말 안 해 줬어? 튤립 알뿌리는 고온다습한 일본의 여름을 못 견딘다고. 그대로 흙 속에 방치하면 썩어. 그러니까 꽃이 지고 잎이 마르면 파내야 해. 그래도 여기 베란다는 지붕이 있네. 흙이 비에 젖지 않고 마른 채로 있다면 아직 알뿌리는 무사할지도 몰라. 나는 매년 튤립을 키워서 익숙하니까 파내 줄게."

"안 돼! 쓸데없는 짓 그만해!"

"사양하지 마. 금방 끝나니까 걱정하지 말고."

다마루는 그렇게 말하고는 천천히 일어났다.

"그만하라고 했잖아!"

"다마루! 어머니가 이렇게 싫어하시는데 그쯤에서 그만둬! 더는 안 돼!"

"괜찮아. 괜찮아."

다마루는 사토자키가 하는 말을 무시하고 베란다로 향했다.

"그러니까 안 된다고 했는데……."

사토자키 앞에서 스즈코는 들릴 듯 말 듯한 소리로 중얼거리더니 비틀거리며 일어났다. 그 표정은 분명히 조금 전까지와는 달리 어딘가 넋이 나가 보였다. 스즈코는 비틀비틀 주방 쪽으로 걸어갔다.

"어머니 어디 가세요? 아직 이야기 중인데. 앉으시죠."

스즈코의 귀에는 사토자키의 목소리가 들리지 않았다. 스즈코는 싱크대 서랍을 뒤지기 시작했다. 다시 스즈코가 거실로 왔을 때, 그 손에는 날카롭게 빛나는 식칼이 들려 있었다.

"뭐, 뭐 하시는 거예요?"

"그러니까 그만하라고 했잖아. 안 된다고 했잖아. 안 된다고……."

스즈코는 작은 소리로 주문을 외우듯 몇 번이나 같은 말을 반복하더니 다마루를 공허하지만 무서운 눈빛으로 노려봤다. 그러다가 눈을 번쩍 떴는데 거기에는 광기가 빛을 발하고 있었다.

"우, 우……, 우와!!!"

스즈코가 소리를 지르며 들어 올린 칼날이 순식간에 다마루를 향해 다가왔다. 사토자키는 다마루를 지키기 위해 순간적으로 몸을 날려 다마루 앞을 가로막았다. 그 순간 식칼이 사토자키의 오른쪽 어깨에 부딪혔다. 사토자키는 필사적으로 몸을 돌려 두 손으로 스즈코의 오른손을 누르고, 있는 힘껏 칼을 쥔 손을 짓눌렀다. 스즈코는 아픔을 이기지 못하고 칼을 다다미에 떨어뜨린 후 그 자리에 주저앉아 버렸다.

"사토자키!"

다마루가 비명을 지르듯 사토자키의 이름을 불렀다.

"난 괜찮아. 다마루, 칼 좀 치워 줘."

다마루는 황급히 다다미에 떨어진 식칼을 주워서 베란다로 던지고는 문을 걸어 잠갔다. 다마루의 심장이 엄청난 속도로 쿵쿵 뛰었다. 심장 뛰는 소리가 귀 바로 옆에서 울리는 듯한 기분이 들었다.

"사토자키! 상처는?"

"난 괜찮아. 아무 데도 안 다쳤어. 어머니, 괜찮으세요? 진정하세요."

사토자키가 다정하게 묻자, 스즈코는 오열했다. 흐느껴 우는 스즈코의 등을 다마루가 가만히 쓰다듬었다.

잠시 후, 스즈코는 조금은 진정된 모습을 보였다. 다마루는 등을 쓰다듬으며 아주 차분한 어조로 스즈코에게 말했다.

"저기 있는 거구나."

스즈코는 작게 고개를 끄덕이고는 다시 격렬하게 울기 시작했다.

"왜, 대체 왜, 왜 가만히 두지를 않는 거야! 어째서! 흐, 흐윽."

그렇게 스즈코는 그저 울고만 있었다.

"지키지 못했어……, 지키지 못했다고……."

힘없이 중얼거리는 다마루의 눈에는 눈물이 가득 고였다. 다마루가 울고 있다. 저 다마루가. 대체 무슨 일이 일어나고 있는 건가. 사토자키는 상황을 이해해 보려고 애썼다.

"다마루, 뭐야, 대체 무슨 일이야?"

"……."

"가르쳐 줘."

"……잠깐만 기다려. 어머니가 조금만 더 진정되면 이야기할 거니까. 조금만 기다려. 부탁해…….”

다마루가 눈물을 닦으며 사토자키에게 말했다.

얼마나 시간이 흘렀을까, 바닥에 엎드려 울던 스즈코가 조금씩, 조금씩 조용해졌다. 다마루는 스즈코의 등을 계속 쓰다듬어 주고 있었다. 아무 말도 없이 살며시 쓰다듬었다.

해가 서쪽으로 완전히 기울어 주변을 빨갛게 물들이기 시작했을 때, 스즈코가 작은 소리로 말을 짜냈다.

“고마워……. 이제 괜찮아.”

“그래. 정말 괜찮아?”

스즈코는 울어서 붓고 빨개진 눈을 닦으며 힘없이 고개를 끄덕였다.

“언제 죽었어?”

죽었다고? 사토자키는 다마루의 말에 귀를 의심했다. 하지만 동요를 힘껏 숨기며 둘의 대화를 들을 수밖에 없었다.

“병원에서 나와서, 2주 정도 지났을 때였어.”

“그래.”

“모유가 거의 안 나와서……. 병원에서 받아 온 분유도 거의 떨어져서 사러 갔을 때…….”

“마코토는 두고 갔어?”

“응. 분유를 잔뜩 먹고 그대로 자길래…….”

“얼마나 집을 비웠던 거야?”

"2시간 정도. 분유하고 기저귀를 사서 돌아오려고 했는데, 귀여운 옷을 많이 팔더라고. 마코토한테 사 주려고 고르다 보니 시간이 많이 지나서……."

"그래서 돌아오는 게 늦어졌구나."

"돌아와 보니까 마코토가 분유를 토한 채로 숨을 안 쉬었어……. 몇 번이나 말을 걸고, 인공호흡이며 이거저거 다 했는데도 안 돼서……, 뭘 어떻게 해야 할지 모르겠고……. 으, 흐흑흑."

그때의 일은 지금도 선명하게 떠올라 스즈코를 고통스럽게 만드는 것 같았다. 다시 잠시 동안 스즈코는 말을 하지 못했다. 그렇게 괴로운 시간을 몇 번인가 반복하면서 스즈코는 모든 것을 털어놓았다.

"왜 구급차를 안 불렀어?"

"늦었다는 생각이 들었고, 내가 죽였다고 생각할 것 같아서 무서워지더라고."

"시간만 흐르고, 어떻게 할 수도 없었다……."

"아무 생각도 안 나서, 이틀 동안은 그대로 가만히 있었어. 그런데 마코토를 그대로 둘 수는 없다는 생각이 들어서……. 뭘 제대로 해 줄 수는 없지만, 제대로 해 줄 수는 없지만……."

"그래서 저 커다란 화분이랑 흙을 사 온 거구나. 저건 마코토의 무덤이었던 거네. 화분에 올려 둔 저 돌은…… 비석……."

다마루는 화분을 향해 가만히 손을 모았다.

"으으으, 마, 마코토, 미안해. 엄마를 용서해 줘, 으으흑."

쓰러져 우는 스즈코의 등을 다마루는 가만히 계속 쓰다듬어 주었다. 엄마에게 버림받았던 스즈코의 엄마가 된 기분으로. 다마루의 눈동자가 너무나 슬퍼 보였다. 사토자키는 아무것도 하지 못하고 멍하니 둘의 모습을 바라보았다. 지금 눈앞에서 일어나고 있는 이 현실은 뭐란 말인가? 대체 이 비참한 사실을 어떻게 받아들이면 좋을까. 뭐 때문에 이런 비극이 발생한 걸까. 마코토가 이 세상에 태어났던 이유는 무엇이었을까. 뭔가 의미가 있었을 것이다. 그렇지 않다면, 이 세상 자체가 의미가 없는 것처럼 느껴졌다. 하지만 답은 좀처럼 찾을 수가 없었다. 사토자키는 주먹을 꽉 쥐고 버티고 서 있었다.

"사토자키, 경찰에 연락해."

"겨, 경찰에? 지금?"

"미룰 수는 없는 일이잖아. 우린 사회 속에서 살고 있으니까."

"……알았어."

"영아의 시신이 있다는 것도 꼭 얘기해. 경찰도 감식 준비다 뭐다 할 게 있을 거니까. 어머니, 우리도 같이 갈 테니까, 뭐든지 솔직하게 얘기하는 거야. 속죄할 건 속죄하고, 마코토도 제대로 묻어 주자."

다마루의 목소리는 어느 때보다 아주 낮고 슬픔에 가득 차 있었다.

얼마 지나지 않아 경찰이 감식반과 함께 몰려왔다. 조용했던 주택가는 단번에 긴장감이 흐르는 사건 현장으로 변했다. 마코토의 시체는 목욕 수건으로 정성스럽게 싸여서 화분 속에 묻혀 있었다. 다마루와 사토자키는 현장에서 간단한 상황 설명을 하고, 조서를 작성하기 위해서 경찰서로 이동했다. 연행되어 가는 스즈코에게 다마루는 자신의 명함을 주고, 나오면 꼭 연락하라고 다정하게 말했다.

사토자키와 다마루의 진술 청취는 4시간이 걸려서 끝났지만, 스즈코의 진술 청취는 거기서 2시간 이상 더 걸렸고, 청취가 끝난 후에 시체 유기 용의자로 체포되었다.

심야의 국도를 달려 사무소로 향하는 차 안은 절망적인 분위기였다. 헤드라이트에 비친 중앙선이 차례로 나타났다가 사라졌다. 긴 침묵 후에 사토자키가 무거운 입을 열었다.

"어째서, 어째서 이런 일이……."

"……."

다마루는 답을 하지 않았다. 운전석에서 다마루의 표정을 살피던 사토자키는 질문을 바꿨다.

"언제 알았어?"

"방에 들어갔을 때 마코토가 그 방에 없다는 걸 알았잖아."

"응, 그 살풍경한 방에서 육아를 하는 모습은 안 보였지."

"거실에 들어가자 바로 베란다에 있는 화분이 눈에 들어왔어.

사이즈가 크기도 했고 뭔가 심었던 흔적도 안 보였고. 그리고 그 돌. 아무것도 심은 적 없어 보이는 그 화분에 작은 돌을 쌓아 뒀다는 게 너무 이상했어."

"마코토가 거기 묻혀 있다는 걸 확신한 건 언제야?"

"내가 화분 이야기를 했잖아. 그건 어머니가 말하고 있는 도중에 힐끗힐끗 베란다 쪽을 쳐다봐서 그런 거야. 그런 상황에서는 사람이 무의식적으로 신경 쓰이는 쪽을 보게 돼 있거든. 화분 이야기를 했더니 어머니가 오늘은 마코토 이야기를 하러 온 게 아니냐고 화를 냈던 거 기억나?"

"응, 기억나."

"정말 이상하다는 생각이 들었어. 방금까지 마코토 이야기는 피하려고 했던 사람이 화분 이야기를 하니까 갑자기 이야기를 마코토로 돌리는 게……. 어떻게든 화분에서 다른 곳으로 시선을 돌리게 하고 싶어 한다는 생각이 들었지."

"그렇군."

"그래서 좀 무리해서라도 어머니의 반응을 살필 필요가 있다고 생각했어. 오늘 확인 못하면 화분을 어딘가로 치울 거고, 이번에야말로 주민표를 옮기지 않고 어딘가로 사라질지도 모른다고 생각했거든. 그렇게 되면 마코토의 존재는 이 세상에서 사라지고 말아. 너는 나를 말렸지만 절대로 그만둘 수 없다고 생각했어. 물론 어머니가 그렇게까지 극단적으로 반응할 줄은 예상 못

했지만⋯⋯. 위험에 빠지게 만들어서 정말 미안. 사과가 너무 늦었네."

"그냥 상황이 그랬잖아. 그런 건 됐어. 그건 그렇다 치고, 너는 사소한 것까지 놓치지 않는구나."

"파트너를 그렇게 위험한 상황에 놓이게 해서야. 배려가 부족했어. 혹시 사토자키가 찔렸으면 나는 제정신이 아니었을 거야. 막아 줘서 고마워. 사토자키가 없었으면 나는 죽었을지도 몰라⋯⋯. 안 되겠네. 나는⋯⋯. 정말, 정말 미안해."

"넌 잘못한 거 하나도 없어. 사과하지 마. 너답지 않게⋯⋯."

"⋯⋯."

"대체 뭐가 문제였을까? 왜 마코토가 죽을 수밖에 없었을까? 계속 그 생각만 하고 있어."

사토자키는 혼잣말처럼 힘없이, 작게 중얼거렸다.

"답은 없어⋯⋯. 목숨을 잃는 게 의외로 순식간이더라고. 어떤 어린이에게, 또 어떤 상황에서 그런 무서운 순간이 찾아올지는 아무도 몰라."

사토자키는 다마루의 이런 슬픈 목소리를 들어본 적이 없었다.

"막을 수 없었던 걸까?"

"모르겠어. 그런데 혹시 저 어머니가 이 동네에 기댈 수 있는 친구가 한 명이라도 있었다면 결과가 달랐을지도 모르겠네. 한두 시간만이라도 아이를 맡길 수 있는 친구가 있었다면⋯⋯. 근데, 잠깐이니까 괜찮겠지 하면서 아기를 혼자 두면 무슨 일이 일어날지 모르는 건데, 그런 당연한 걸 저 어머니한테 제대로 가르쳐 주는 사람이 아무도 없었다는 게 안타까워서 견딜 수가 없어. 너무 끔찍해."

"정말 그렇네."

"가족이나 사회와 연결돼 있었다면 막을 수 있었을지도 몰라. 하지만 우리가 다루는 사례는 거기서 빠져 있는 경우가 많으니까. 우리가 땀을 뻘뻘 흘리면서 죽자고 뛰어다니는 것보다, 동네에 사는 사람들이 이웃에 조금이라도 관심을 가지는 편이 훨씬 많은 어린이의 생명을 구할 수 있는 거 아닐까?"

"……."

"타인에게 무관심한 게 당연해진 지금의 사회가 다소의 참견이 당연했던 시대로 돌아갈 수 있다면, 구할 수 있는 어린이나 가족이 많아질지도 모르겠네."

"우리가 할 수 있는 일은 없을까?"

"글쎄……. 오늘처럼 구할 수 없는 생명도 있고, 일단 구했다고 생각했던 생명을 지키지 못하는 경우도 있어. 하지만 구할 수 있는 생명이 있는 것도 사실이야. 구할 수 있는 생명을 확실하게 구하기 위해서 최선을 다하는 것, 우리 일은 그런 게 아닐까."

"우리가 노력해도 구할 수 없는 경우도 있다는 거군."

"사토자키, 우리 일에는 항상 어린이의 죽음이 따라다녀. 결코 피할 수 없는 아상의 숙명이지. 사토자키가 아상에 오고 나서 대체 몇 군데의 아상이 매스컴에서 두들겨 맞았는지 생각해 보면 알 수 있잖아."

"아상의 소장이 머리를 숙이는 장면은 몇 번이나 봤어."

"확실히 대응이 나빴던 케이스도 있지. 하지만 예를 들어, 시설에 있던 어린이가 가정으로 복귀한다고 했을 때, 후생노동성이 만든 세세한 매뉴얼대로 가정에 돌려보낸다고 해서 어린이가 죽지 않는다? 꼭 그런 건 아니라는 거지."

"미래를 예견할 수는 없으니까."

"한번 시설에 입소한 어린이를 가정으로 돌려보내기 위해서 몇십 번 외박을 반복하고, 신중에 신중을 거듭하면서 보호자의 모습을 충분히 살핀 후에 가정에 돌려보냈다고 하더라도 절대로 안심할 수는 없는 거지."

"맞아."

"우리가 아무리 진지하게 민원인들을 대한다고 해도, 완전히 상대를 이해하는 건 불가능해. 어른이 감정적이 돼서 이성을 잃고 어린이를 때리면 어린이는 죽지. 그런 악마의 순간이 언제 어린이를 키우는 어른에게 찾아올지 아무도 알 수 없어."

"악마의 순간……."

"아상이 학대 가정의 가족 재통합이라는 사명을 부여받은 이상, 아무리 노력하더라도, 아무리 신중히 가정에 돌려보내도, 절대 안전한 건 없어."

"가정 복귀는 정말 어려운 것 같아."

"그렇다고 해서 보호한 어린이들을 계속 시설에서 맡을 수도 없는 거잖아. 시설이 부족하다는 그런 단순한 의미가 아니라, 어린이들의 긴 인생을 생각했을 때, 시설에서 계속 생활하는 데서 오는 마이너스적인 면도 충분히 생각하지 않으면 안 된다는 거 너도 알잖아."

"알지. 그럼 대체 뭐가 정답이야?"

"그러니까 말하잖아. 우리 일에 답은 없다고. 어쨌거나 우리가 맡게 된 어린이나 가족에게 조금이라도 밝은 빛이 비치도록 전력을 다해 달리는 것 외엔 길이 없어."

"사람을 대하는 일에 정답은 없다. 완전히 상대를 알 수 없으므로, 항상 온 힘을 다해 부딪칠 수밖에 없다. 살릴 수 있었던 생명을 잃지 않기 위해서라도……."

사토자키는 마음에 확실히 새겨 두기 위해서 소리 내 말했다.

"힘든 일이야. 괴로운 일도 많고. 그래도 나는 이 일이 좋아."

자신을 고무하듯 중얼거리던 다마루의 눈이 촉촉해졌다. 이번 마코토에 대한 일은 다마루에게도 상당히 큰 충격이었다. 그것이 사토자키를 힘들게 했다.

어두운 기분에 잠겨 있는 사토자키에게 다마루가 말했다.

"가와우에 씨 가족은 그 후에 어떻게 됐어? 잘 지내?"

왜 지금 가와우에 씨 가족 이야기를 묻는 걸까 하고 사토자키는 이상하게 생각했다.

"응. 이웃이랑도 잘 지내고 있는 것 같고, 모모카도 초등학교 생활에 익숙해져서 친구들하고 잘 노는 것 같아. 나나도 이제 4개월이 돼서 목도 가누고 잘 크고 있나 봐. 그리고 가와우에 씨는 일을 열심히 해서 정규직도 됐고. 얼마 전에 가정 방문했을 때 가와우에 씨가 말해 주더라고. 열심히 잘 지내고 있는 것 같아."

"그래, 다행이다. 너도 열심히 지원했잖아."

다마루가 기분 좋은 웃음을 보였다. 하지만 평소와는 달리, 웃는 얼굴 뒤에 슬픔이 묻어 있다는 걸 사토자키는 잘 알았다. 슬픔을 꾹 누르며 다마루는 사토자키에게 무언가를 전하려고 한다. 그건 무엇일까? 사토자키는 곰곰이 생각했다.

이 일은 확실히 어렵고 괴롭다. 하지만 한편으론 아주 커다란 감동을 준다는 걸 사토자키는 떠올렸다. 모모카와 어머니가 밝은 공원에서 건강하게 놀고 있던 모습을 봤을 때의 감동을 잊어서는 안 된다. 그때 마음에 솟아올랐던 뜨거운 감정을 잊지 말고 힘내야 한다. 생각대로 잘 안되는 일도 많다. 하지만 모모카는 씩씩하게 초등학교에 다니고 밝은 웃음을 보여 준다. 그것은 틀림없는 사실이다. 달리자. 전력을 다해 달리자. 사토자키는 굳게 마음을 먹었다.

"고마워, 다마루."

"웬 감사 인사?"

"어쨌든, 고마워."

"이상해. 이런 말을 하면 얼마나 차가운 인간인가 싶겠지만, 슬픔은 오래 끌면 안 돼. 이 슬픔도, 마코토도, 마음에 잘 새겨 두고 내일부터는 다시 힘을 내야지. 나는 멈추지 않아."

"나도 그럴게. 아니, 그렇게 할 수 있도록 노력할게. 네 파트너니까."

어두운 국도 앞쪽에 희미하게나마 빛이 비치는 것 같았다. 저 빛을 향해서 민원인과 함께 달리자. 그렇게 생각함으로써, 사토자키는 슬픔을 넘어 다시 힘을 낼 수 있을 것만 같았다.

72시간

사토자키는 컴퓨터 앞에 앉아 사례 기록을 하고 있었다. 10월로 들어서자 태양이 일을 하는 시간이 꽤 짧아져, 6시도 되기 전에 주변의 풍경은 거의 색을 잃어가고 있었다. 왕귀뚜라미의 길고 아름다운 목소리에 알락귀뚜라미와 모대가리귀뚜라미가 기분 좋은 리듬으로 화음을 맞추고, 간간이 창으로 흘러드는 금목서의 달콤한 향기를 담은 시원한 바람도 불어오자 사토자키의 기분이 부드러워졌다.

"기록하는 거야? 방심하면 바로 일이 엄청나게 쌓이지."

"다마루 왔어? 조금이라도 시간이 생길 때 기록을 안 하면 따라잡을 수가 없지. 그쪽은?"

"뭐, 그냥저냥. 오늘 한 발달 검사 두 건의 결과는 내일 줄게."

"알았어. 암만 그래도 면담 네 건에, 가정 방문 세 건은 너무 많아. 이렇게 매일 스케줄이 꽉 차네. 메모로 가득 찬 수첩을 보면 가끔 괴로워."

사토자키는 질렸다는 표정으로 다마루에게 수첩을 보여 줬다.

"바보야, 파트너인 내 수첩도 너랑 똑같아!"

"아하하하하. 그건 그렇네. 4월부터 반년 동안 계속 전력 질주를 한 거잖아. 나 괜찮은 건가? 나 불쌍하지?"

"전혀!"

대답이 다마루, 미도리카와, 고토의 아름다운 합창으로 돌아왔다.

"어느새?"

"우리 미인 세 자매의 도움 덕분에 꽤 편안하게 일하고 있으면서!"

비꼬는 듯한 미도리카와의 말에 다마루와 고토가 크게 고개를 끄덕였다.

"아이고 죄송하네요. 항상 폐만 끼쳐서!"

"정말이에요오. 너무 귀찮게 하지 말라고요오, 사토자키 씨. 너무 뜨거워요오. 어딘가 식힐 곳이 없으면 마음이 비명을 지른다고요오. 마음이 무너져 버리면 그 순간부터 아무에게도 힘이 돼 줄 수 없고, 힘들어 하는 아이들을 구할 수도 없다는 것만 알아 두세요오."

"뭐, 뭐예요, 고토 씨. 평소랑 다르게 그런 제대로 된 조언을 다 하고."

"뭐에요오! 평소에는 안 그랬다는 거예요오? 진짜 너무하시네에."

그때 두 사람의 대화를 끊듯이 사토자키 앞의 전화가 울렸다.

"여보세요, 중앙 어린이 가정 센터의 사토자키입니다."

"저, 저기, 여자분하고 얘기하고 싶은데요."

"여성 직원 말씀이신가요? 상담할 게 있으면 저한테 말씀하셔도 되는데요."

"여자분이 좋아요. 안 계시나요?"

"아뇨, 물론 여성 직원도 있습니다만……."

사토자키가 조금 곤란한 표정으로 미도리카와를 쳐다보았다.

"사토자키 씨, 마리코 선배한테 전화를 돌리는 게 좋겠어요. 빨리!"

미도리카와가 강한 말투로 말했다. 사토자키는 가만히 고개를 끄덕였다.

"잠깐만 기다려 주세요. 지금 여성 직원을 바꿔 드릴게요."

사토자키는 전화를 보류 상태로 해 두고, 수화기를 다마루에게 건넸다.

"여보세요, 저는 다마루라고 합니다. 무슨 일이신가요?"

"저기…… 저, 얘기를 좀 들어주셨으면 해서요. 친구한테 상담했더니 여기로 전화해 보라고 해서…… 그래서……."

"그러세요? 이름하고 나이를 가르쳐 주실 수 있으세요?"

"사토미 요코, 17살이에요."

"네, 요코 씨, 무슨 일이세요? 편하게 말씀하세요."

"전화로 얘기하기는 좀……, 만나서 말씀드려도 될까요?"

"그럼요. 바로 갈 테니까 거기서 기다려 주실래요? 지금 어디에 계세요?"

"시로니시 고등학교 근처에 있는 신사에 있는데, 아세요?"

"알아요. 이나리 신사 말이죠? 15분 내로 갈게요. 요코 씨를 어떻게 알아볼 수 있을까요?"

"세일러복에 빨간 머플러를 하고 있어요."

"혼자 계세요?"

"친구하고 같이 있어요."

"알겠습니다. 바로 갈 테니까 어디 가지 말고 꼭 기다리세요. 잠깐 나갔다 올게. 늦을지도 모르지만, 어쨌거나 연락할게."

다마루는 서둘러서 나갈 준비를 시작했다.

"그럼, 나도 같이 갈게."

"아니, 사토자키는 안 돼. 니시무라 씨! 잠깐 같이 가줄 수 있어요? 급한데."

"네! 바로 갈게요."

"왜 나는 안 된다는 거야?"

"나중에 설명할게. 자, 니시무라 씨 갑시다."

다마루는 엄청난 기세로 사무실을 나갔는데, 몹시 초조해 보였다.

"어째서 나는 가면 안 돼?"

사토자키의 질문에 미도리카와가 심각한 얼굴로 답했다.

"아닐 수도 있지만, 마리코 선배는 직감적으로 성 학대 피해 아동의 연락이라고 생각한 것 같아요. 그러니까 남자인 사토자키 씨가 같이 가면 곤란할 거로 생각한 거 아닐까요."

"성 학대……."

15분 후, 다마루와 니시무라는 이나리 신사의 경내로 이어지는 계단을 오르고 있었다.

"니시무라 씨, 빨리요!"

"아, 너무 힘들어요, 다마루 씨. 조금만 천천히 올라가요."

"얼른, 서둘러요!"

다마루는 니시무라의 팔을 당겨 계단을 올랐다. 어두운 경내 안, 희미하게 윤곽을 남긴 신당 앞 계단에 두 여고생이 서로 기대듯이 앉아 있는 것이 흐릿하게 보였다. 다마루는 두 사람에게 달려갔다. 그 뒤를 지친 니시무라가 비틀거리며 쫓아왔다.

"사토미 요코?"

"네. 맞아요. 진짜 와 주셨네요."

"당연하지, 전화까지 췄는데 안 올 리가 없잖아. 옆은 친구?"

"네. 시오다 카오리라고 합니다."

"그래. 시오다, 고마워. 우리한테 연락하라고 했다면서? 정말 고마워."

"아, 아니에요."

세일러복을 입은 둘은 머리가 숏커트였다. 요코는 표정이 아주 불안해 보였다.

"여기서는 보는 눈이 신경 쓰이니까 우선 차로 가자. 괜찮지?"

"네, 저기, 카오리가 같이 가도 될까요?"

"요코가 괜찮으면 나는 괜찮아. 여러 가지 자세하게 물어볼 건데 괜찮아?"

"네, 카오리한테는 전부 이야기했거든요."

네 사람은 차로 가서, 요코와 다마루가 뒷좌석에 앉아 이야기를 시작했고, 니시무라는 운전석에서 기록할 준비를 했으며, 카오리는 조수석에 앉아 걱정스럽게 요코의 모습을 바라보았다.

"그럼 요코, 우선 차로 오자고는 했지만 사무소까지 가서 방에서 천천히 이야기해도 되는데 어떻게 할래?"

요코는 조금 생각하더니 다마루의 눈치를 보면서 천천히 입을 열었다.

"사무소는 가지야초에 있죠? 카오리 집에서 너무 멀어지기도 하고, 이야기하려고 좀 기다리기도 해서, 여기서 바로 이야기해도 될까요?"

카오리가 옆에 있을 때 이야기하고 싶어 하는 요코의 불안감을 민감하게 알아챈 다마루는 조금 밝은 톤으로 다정한 웃음을 띠며 답했다.

"물론이지. 고급 차가 아니라서 좁고 어둡기는 하지만."

"아니에요, 전혀 안 좁아요. 괜찮아요."

요코의 표정에서 다마루를 향한 친근감이 느껴졌다.

"좋아. 그럼 바로 이야기를 들어 볼까? 이야기하기 어려운 거라고 했는데, 말할 수 있겠어? 천천히 얘기해도 괜찮아. 요코가 편한 대로 무슨 일이 있었는지 말해 줄래?"

"……."

"요코, 힘내. 제대로 말하는 게 좋아."

카오리가 요코를 응원했다.

"응, 알아, 알고 있어."

요코는 아주 힘들게 무거운 입을 열었다.

"3일 전 밤에, 엄마가 편의점 아르바이트를 하러 나간 사이에, 저……, 저, 아빠한테 몹쓸 짓을 당해서……. 아빠라고 해도 혈연관계는 아니고요. 그딴 놈, 아빠라고 생각도 안 하지만……."

"계부라는 말이지? 괜찮아. 계속 말해."

"방에서 공부하고 있는데, 뒤에서 인기척이 느껴지는 거예요. 그러다가, 그러다가……, 갑자기 뒤에서 팔을 못 움직이게……."

요코의 눈에는 눈물이 가득 고이고, 몸은 떨고 있었다. 요코가 심하게 상처를 받은 건 틀림없어 보였다.

"요코, 괴롭지? 많이 괴롭겠지만 힘내서 얘기해 줄래? 한 번만 말해도 돼. 여러 번 묻지 않을게. 요코는 우리가 반드시 지켜 줄 테니까 걱정하지 말고. 두 번 다시 그런 괴로운 일 당하지 않도록 해 줄 테니까, 괴롭겠지만, 기억하고 있는 건 아무리 사소한 거라도 전부 이야기해 줬으면 좋겠어. 그게 스스로를 지키는 일이 될 테니까."

요코는 천천히 고개를 끄덕이고는 계부한테 받은 성 학대에 대해서, 너무나 괴로워서 때때로 말이 막히면서도 전부 다마루와 니시무라에게 털어놓았다.

3일 전 밤, 9시가 넘은 시각. 요코가 방에서 공부를 하고 있는데 갑자기 계부가 등 뒤에서 덮쳐서 무리하게 침실까지 끌고 간 후 침대에 쓰러뜨려 강간을 했다는 내용이었다. 심지어 콘돔을 착용할 때는 침대의 작은 서랍에서 칼을 꺼내서 저항하는 요코의 뺨에 칼을 대고, 조금이라도 움직이면 평생 지울 수 없는 상처를 얼굴에 남기겠다고 협박하는 비열하기 짝이 없는 방법을 썼다. 아주 괴로운 기억이지만, 요코는 사건의 자초지종을 상세하게 기억하고 있었다. 당일 계부가 입고 있던 옷과 속옷의 색이나 모양, 콘돔의 색과 콘돔이 들어 있던 포장 비닐의 색과 모양, 성행위 중에 계부가 한 말 등, 다마루의 훌륭한 질문 덕분에 요코는 그날의 상황을 상세히 이야기할 수 있었다. 오늘도 엄마가 편의점 아르바이트로 집을 비우기 때문에 무서워진 요코는 카오리에게 상담을 했고, 그렇게 아동 상담소에 전화를 하게 된 것이다.

계부는 요코와 한집에 살게 되고 얼마 지나지 않아서부터 요코의 몸을 자주 만졌다. 그게 너무나 싫었던 요코는 엄마에게도 말을 했지만 엄마는 별거 아니라며 상대해 주지 않았다. 혹시 그때 엄마가 확실한 태도로 딸을 지켜 줬다면 얼마나 좋았을까. 계부의 성적 괴롭힘을 허용하는 듯한 엄마의 태도가 어쩌면 일을 키웠을지도 모른다. 다마루는 엄마가 딸을 지키려는 의식이 약한 게 아닐까 하는 생각이 들었다.

"말해 줘서 고마워. 요코, 괴로운 일을 말하게 해서 미안해. 이제 괜찮을 거야. 요코는 오늘부터 아동 상담소가 보호할 테니까 안심해. 이제 집에 안 가도 괜찮으니까."

다마루는 그렇게 말하고 요코를 꽉 안아 주었다. 요코는 다마루의 품 안에서 참았던 울음을 터뜨렸다. 다마루는 요코를 진정시키려고 다정하게 등을 쓰다듬었다.

"니시무라 씨, 지금 몇 시예요?"

"6시 45분이요."

"그럼, 카오리는 요코가 걱정되겠지만 슬슬 집으로 돌아가는 게 좋겠네."

"저, 같이 있을게요. 요코가 걱정돼요."

"그 마음은 잘 알겠어. 하지만 카오리가 집에 늦게 가면 부모님께서 걱정하시잖아. 늦은 이유를 솔직하게 말하기 어려울 거고, 거짓말을 하면 나중에 말이 안 맞게 돼서 요코 이야기를 해야 할 수도 있으니까. 이 이야기는 절대로 아무도 알아서는 안 되거든. 알았지?"

"알겠어요. 요코하고 연락은 할 수 있어요?"

"한동안은 어렵겠지만, 때가 되면 꼭 둘이 이야기하게 해 줄 테니까. 그때까지는 사무소로 전화해서 나를 찾아. 연락할 때는 주위에 아무도 없는지 확인한 후에 전화하고. 어디에 전화했는지 누가 물어보면 곤란하잖아. 알겠지?"

"네, 알겠어요. 요코, 힘내."

"응, 카오리, 고마워."

카오리는 가면서 걱정이 되는 듯 몇 번이나 차 쪽을 돌아봤다. 카오리가 가고 없자 요코는 조금 불안한 표정을 지었다. 다마루는 그런 요코의 마음을 충분히 알고 있었지만 지금 꼭 전해야 할 이야기가 있었다. 다마루는 요코의 미묘한 표정도 놓치지 않도록 신경을 쓰면서 천천히 말을 시작했다.

"요코, 정말 하기 어려운 이야기를 계속하게 만들어서 미안한데, 지금부터 굉장히 중요한 이야기를 해야 해. 괜찮아? 할 수 있겠어?"

"네. 괜찮아요."

"좋아, 조금만 더 힘내자. 그래도 절대로 억지로 참으면 안 돼. 괴로우면 바로 말해 줘. 그럼 우선 요코의 몸에 관해서 해야 할 중요한 이야기야. 아까 듣자하니 계부한테 몹쓸 짓을 당했을 때, 처음에는 콘돔을 안 썼다가 도중에 착용했다고 했지?"

"네."

"남자의 몸은 사정하기 전에 요도 안에 남아 있는 소변을 중화하려고 알카리성 쿠퍼선액이라는 걸 내보내거든. 이건 산성에 약한 정자가 안전하게 요도를 통과할 수 있도록 하는 시스템인데, 그 쿠퍼선액에도 정자가 미량 섞여 있어. 그래서 확률은 낮지만, 그 미량의 정자로 인해서 임신하게 되는 경우도 있어."

"그래요? 아, 아아, 어쩌지……."

"괜찮아. 이런 경우 임신하는 걸 막기 위해서 사용하는 긴급 피임약이 있으니까. 100퍼센트는 아니지만, 100퍼센트에 가까운 확률로 피임을 할 수 있다고 알려져 있어. 다만, 그게 효과를 발휘하려면 성관계가 있은 지 72시간 이내에 약을 먹어야 해. 요코는 3일 전에 9시가 넘어서 일을 당했으니까, 앞으로 2시간 정도 남았어. 그러니까 지금부터 우리랑 같이 대학병원에 가서 그약을 처방받았으면 좋겠는데, 괜찮겠어?"

"아, 네. 그렇게 해 주세요."

"미나미야마 선생님이라고 여자분이 봐주실 테니까 안심해.

그리고 하나 더 중요한 이야기. 요코는 이번 사건을 어떻게 하고 싶어? 계부가 벌을 받게 하고 싶으면 경찰에 피해 신고를 해야 하는데……."

"신고할 거예요."

전혀 망설임 없이 답한 요코에게 다마루는 천천히 말했다.

"그런데 그런 경우에는 경찰한테도 나한테 했던 이야기를 해야 해. 경찰이 조서를 쓸 때는 굉장히 세세한 것까지 확인하니까 같은 걸 여러 번 물어보는 일도 많고, 성관계 중에 있었던 일을 꽤 자세히 물어볼 거야. 그러니까 요코의 정신적인 부담도 크겠지. 그 진술 청취로 상처를 입는 사람도 많아. 그래도 괜찮겠어?"

"……."

요코는 조금 고개를 숙이고 자신의 손등을 가만히 쳐다보고 있었다. 다마루의 이야기를 듣고 다시 한번 자신의 마음을 확인하는 것 같았다.

"물론 진술 청취는 여자 경찰이 할 거고, 나나 니시무라 씨가 진술 청취할 때 같이 있어 줄 거야. 그러니까 괴로울 때는 언제든지 진술 청취를 중단할 수 있도록 해 줄게. 우리가 암만 애써도 해줄 수 있는 건 그 정도야. 그러니까 경찰에 피해 신고를 하는 것에 대해 잘 생각해 봐. 요코의 마음이 제일 중요하니까."

요코는 천천히 고개를 들어 다마루의 눈을 보며 입을 열었다.

"……괜찮아요."

요코의 눈에서 강한 의지가 느껴졌다. 다마루는 작게 고개를 끄덕이고는 말을 이었다.

"알았어. 그럼 이제 하나 더 말해 둬야 할 게 있어. 만약에 계부가 체포된 후에 혐의를 인정하지 않으면, 요코가 증인으로 재판소 법정에 불려가서 증언해야 할 수도 있어. 그때는 계부와 마주치지 않도록 하는 방법을 신청할 수 있으니까 법정에서 계부하고 말을 하게 되는 일은 없겠지만, 요코에게 있어서 정신적으로 큰 부담이 될 거야. 그래도 신고하고 싶어? 어떻게 할래?"

"법정에는 저 혼자 가나요?"

"보호자도 같이 갈 수 있게 돼 있으니까 나나 니시무라 씨가 같이 갈 거야."

"계속 같이 있어 주시는 거죠?"

다마루와 니시무라가 동시에 머리를 끄덕였다. 요코는 잠시 생각한 후 각오를 한 듯 입을 열었다.

"신고할게요. 이렇게 흐지부지되면 그놈이 다른 여자애한테도 똑같은 짓을 할지도 모르니까. 저, 신고할 거예요."

"알았어. 요코는 정말 강한 아이네. 그래도 무리하면 안 돼. 힘들 때는 힘들다고 솔직하게 말해 줘야 해."

"네, 알았어요."

"그럼, 질문을 조금 더 할게. 요코, 사건 후에 바로 샤워했지?"

"당연하죠. 정말 더럽고 싫어서 바로 샤워하고 몇 번이나 몸을 씻었어요."

"그렇지? 만약에 원하면 병원에 가서 의료적으로 질 내를 씻어 달라고 할 수도 있어. 의사 선생님이 여자이긴 하지만 고등학생인 요코한테는 많이 부끄러울 수도 있으니까 억지로 권하지는 않을 거야. 어떻게 할래?"

"해 주세요. 왠지 계속 찝찝해서. 확실하게 하고 싶어요."

"그래? 알았어."

다마루는 요코에게 확인해야 할 게 하나 더 있었다. 질 내 검체의 보존에 관한 것이었다. 강간을 당한 지 72시간 이내라면 질 내에 계부의 DNA가 남아 있을지도 모른다고 말해야 하는데, 그 말이 요코가 계부에게 더럽혀졌다는 생각을 강하게 만들 가능성이 컸다.

다마루는 순간적으로 판단해, DNA라는 말을 사용하지 않고 돌려서 말하기로 마음먹었다.

"요코, 여러 가지를 한꺼번에 설명해서 정말 미안한데, 질 내를 씻을 때 질 내 분비물을 조금 채취해 두면 요코가 곤란할 때 증거가 될지도 모르는데 어떻게 할까?"

다마루는 내심 두근두근하며 요코의 대답을 기다렸다.

"그런 거라면, 채취 부탁드려요."

요코의 대답과 그 표정을 보고 다마루는 마음속으로 가슴을 쓸어내렸다.

"요코, 무리할 필요는 없어."

"아뇨, 괜찮아요."

"……알았어. 그럼, 그렇게 준비할게."

"네, 감사합니다."

"그리고 마지막으로 하나 더, 요코는 이 일이 있기 전에 성관계 경험이 있어?"

"아, 아뇨, 없어요. 사귀는 상대도 없고요."

"미안, 별걸 다 물어서. 그런데 계부가 자기는 아무 짓도 안 했다고 우길 때를 대비해서, 지금까지 성 경험이 있는지 확인을 해야 했어."

"괜찮아요. 이유는 잘 알고 있으니까요……."

"요코는 강하기도 하지만 똑똑하기도 하네. 좋아. 니시무라 씨, 대학병원 산부인과 미나미야마 선생님께 전화해서 지금 간다고 전해 줘요. 그리고 사무소에 연락해서, 직권 일시 보호 결재를 받아서 통지서를 좀 만들어 놓으라고 해 주고요."

"알겠습니다!"

"또, 과장님께는 경찰에 상황을 설명하는 연락을 좀 해달라고 하고요. 그때 여자 경찰분께 증거 검체 보관용 키트를 대학병원 산부인과로 바로 가져다 달라는 부탁도 해 줘요. 마지막으로 하나 더, 요코를 일시 보호한다는 연락을 8시 정도에 계부한테 해달라고 과장님께 전해 주세요."

"알겠습니다."

"요코, 내가 최선을 다해서 도울게. 오늘부터 같이 새로운 한 발을 내디뎌 보자. 그럼 우선 계부한테 8시 넘어서 가겠다고 문자를 남겨. 귀가가 늦다고 난리를 부리기 전에 미리 시간을 정해서 시간을 좀 벌어 두는 거야. 문자를 보내고 나서는 핸드폰 전원은 *끄고*."

다마루는 성 학대 케이스로 이렇게 단시간에 피해 아동한테 이야기를 들었던 경우가 거의 없었다. 피해를 당하고 72시간 이내에 고백하는 케이스가 정말 없기 때문이다. 72시간이 넘어가 버리면 긴급 피임약을 쓸 수도 없고, DNA 감정을 하는 것도 의미가 없다.

하지만 요코의 경우는 그 72시간이 눈앞으로 다가오고 있다. 요코가 느낄 부담감은 걱정이 되었지만, 세심하게 주의하면서 해내는 수밖에 도리가 없다는 게 다마루가 지금까지 해 온 경험을 통해 내린 결론이었다. 요코의 기분을 생각하면 가슴이 미어지는 것 같았다.

다마루와 니시무라가 대학병원에 도착하자, 응급실 입구에서 사복 경찰이 검체 보관용 키트를 들고 기다리고 있었다. 다마루는 경찰과 간단한 인사를 나누고 같이 산부인과로 향했다. 산부인과에 도착하자, 다마루는 요코와 니시무라를 외래병동 로비 소파에서 기다리게 하고 자신은 경찰과 함께 진찰실로 향했다.

진찰실로 들어가자 경찰이 미나미야마 의사에게 키트 사용법에 대해서 능숙하게 설명했다. 설명이 끝나자 다마루는 경찰에게 정중하게 감사를 표하고 경찰서로 돌아가는 길을 배웅한 후, 바로 요코와 니시무라를 데리러 갔다.

요코에게 있어서 괴로운 검사도 포함되어 있었지만 요코는 꿋꿋하게 견뎠다.

진찰 후, 미나미야마가 다마루에게 검사 결과를 알렸다.

"다마루 씨, 질입구 주름 파열은 확인됐어요. 다만 언제 파열됐는지는 알 수 없어요."

"역시 그렇군요."

"그리고 채집한 검체 말인데요, 이쪽에서 경찰 쪽에 연락해서 전달할게요. 성병에 관해서는 지금 시점에서는 음성. 하지만 클라미디아 같은 STD는 잠복기가 있어서 2주 후에 혈액 검사를 할 거예요. 그때 다시 데려와 주세요. HIV는 8주 후에 검사할 거고요. 일단 오늘 단계에서 건강상의 문제는 없습니다."

"다행이에요. 우선은 안심이 되네요."

"그런데 요코가 어머니한테도 학대당하는 것 같아요. 허벅지 위쪽에 봉으로 맞은 것 같은 멍이 있어요. 어쩌다 생긴 멍인지 확인했더니 어머니가 청소기 대로 때렸다고 하더라고요. 신경이 쓰여서 몸을 진찰할 때 좀 살펴봤는데, 여기저기 멍이 많았어요. 일상적으로 학대를 당하고 있는 게 아닌지 의심돼요."

"그랬나요……, 어머니한테 학대를……."

다마루는 요코가 어릴 때부터 계속 괴로운 생활을 해왔다는 걸 알게 되었다. 더 일찍 만났다면 좋았겠다고 생각하니 마음이 아팠다.

"고생했어, 요코. 힘들었지? 지금부터 아동 상담소에 있는 일시 보호소로 갈 건데 배 안 고파? 일시 보호소 저녁 시간은 이미 끝나서 배고프면 밖에서 먹고 들어가야 해. 입맛이 없으려나……."

"그, 그게, 그런 일이 있고부터 거의 뭘 먹고 싶지 않아서……. 물만 마시는 정도였는데, 다마루 선생님이 이야기를 들어주시고 집에 안 가도 된다고 하니까, 갑자기 배가 고파졌어요."

요코는 부끄럽다는 듯이 배가 고프다고 말했다.

"그래? 다행이다! 조금 안심이 되네."

"네, 집에 가는 게 너무 스트레스였거든요. 이제 안심이 돼서……."

"그럼 뭐 먹으러 갈까? 좀 간단한 게 좋으려나?"

"그, 그게, 오늘은 추워서 그런지 라면 같은 게 먹고 싶네요. 이상한가요?"

"뭐가 이상해. 먹고 싶은 게 있으면 그걸 먹는 게 최고지. 좋네, 라면! 니시무라 씨도 라면 괜찮아요?"

"저 라면 정말 좋아해요!"

"좋아, 정해졌네. 그럼 얼른 가자."

라면 가게를 향해 가던 도중, 하세베 과장에게서 전화가 왔다. 계부와 어머니가 9시 정도에 중앙 어린이 가정 센터로 오니까, 요코하고 마주치지 않도록 사무소에는 들르지 말고 바로 일시 보호소로 가라는 지시였다.

다마루와 니시무라는 라면을, 요코는 배가 고팠던지 라면과 볶음밥을 주문했다. 밝은 가게 안에서 보니, 요코는 아주 건강해 보이는 갈색 피부를 갖고 있었다. 선명한 가는 눈썹에 커다란 눈동자, 콧날이 서 있고 입은 조금 큼직한, 어딘가 오드리 햅번을 연상시키는 분위기였다.

"요코는 학교에서 무슨 클럽 활동해?"

"저는 소프트볼 투수예요. 카오리하고는 배터리고요."

"그렇구나. 투수라니 대단하네. 강속구 던지는 거야?"

"강속구라고 할 정도는 아니지만, 그럭저럭 던져요."

세 사람은 이런저런 이야기를 하면서 뜨거운 라면을 먹었는데, 요코의 얼굴에서 갑자기 표정이 사라졌다.

"왜 그래? 뭐 또 안 좋은 기억이 났어?"

"아뇨, 저, 이렇게 어른들하고 즐겁게 밥을 먹어 본 기억이 없어요. 별거 아닌 제 이야기를 들어주시는 게 너무 기뻐서……."

"그렇구나. 나도 일 때문에 정신이 없어서 제대로 이야기할 시간이 없을지도 모르지만, 될 수 있는 한 일시 보호소로 만나러 갈게. 그러면 또 이야기하자."

천하의 다마루도 그 이상의 말은 생각나지 않았다. 이 아이는 어린 시절부터 부모의 사랑을 거의 모르고, 어머니가 가하는 신체적 학대를 견디며 몸이 움츠러드는 듯한 마음으로 성장해 왔으리라. 이 아이를 어떻게 해서든 구하고 싶다. 될 수 있는 한 모든 것을 해야겠다고 다마루는 마음속으로 다짐했다.

그때 니시무라의 핸드폰이 울렸다.

"네, 니시무라입니다. 네, 네……, 아! 오늘이요? 내일은 안 될까요?"

"왜요? 무슨 일이에요, 니시무라 씨?"

"과장님 전화인데요, 경찰이 오늘 밤 안에 요코한테 진술 청취를 하겠다고 하나 봐요. 일시 보호가 된 사실을 알면 계부가 도망갈지도 모르고, 증거를 숨길 가능성도 있어서라고 하네요."

"아아, 나도 그럴 수도 있다고 생각했지만, 지금요?"

"아, 저기, 저는 괜찮아요. 그 자식을 체포할 수만 있다면 지금이라도 경찰한테 이야기할게요. 정말 괜찮아요. 배도 이제 든든해졌고."

"그래도 요코, 아까도 이야기했던 것처럼 경찰의 청취는 꽤 세세한 것까지 물어보니까 많이 힘들 거야. 아마 시간도 오래 걸릴 거고……."

"괜찮아요. 정말로 저는 괜찮아요."

"밤늦게까지 계속돼도 괜찮겠어?"

"네, 문제없어요."

"알았어. 니시무라 씨, 전화 좀 바꿔 주세요. 여보세요, 다마루입니다. 하세베 과장님, 요코가 청취를 받겠다고 하니까 경찰에는 그렇게 전해 주세요. 그래도 만약에 요코가 괴로워하면 청취는 중단하겠습니다. 그건 절대 조건이고요, 그리고 청취는 당연한 거지만 여자 경찰분께 부탁드려요. 그리고 일시 보호소에 올 때는 위장 경찰차로, 옷은 사복을 입고 와 달라고 전해 주세요."

일시 보호소는 중앙 어린이 가정 센터와 같은 부지 안에 있어서, 계부가 와 있을 때 경찰차나 경찰을 볼 수 있기 때문이었다.

"응, 응, 알겠어요."

하세베 과장의 밝은 목소리가 돌아왔다.

"요코, 미안해. 도대체 마음놓고 라면도 못 먹게 만든다니까."

식사가 끝난 후, 세 사람은 일시 보호소로 향했다.

8시 50분, 일시 보호과 직원과 하세베 과장이 따뜻하게 웃는 얼굴로 요코를 맞아 주었다. 일시 보호소에는 이미 두 명의 경찰이 와서 요코에게 진술 청취를 하기 위해 대기하고 있었다.

다마루는 하세베 과장과 경찰에게 간단하게 상황을 설명했다. 요코의 진술 청취에는 니시무라가 동석하기로 하고, 그 후에 바로 나타날 계부에 대한 대응은 다마루와 하세베 과장이 하기로 했다.

사무소로 향하려는 다마루와 하세베 과장에게 요코가 말을 걸었다.

"다마루 선생님, 감사합니다. 라면도, 볶음밥도 맛있었어요."

다마루와 하세베 과장은 가만히 따뜻한 웃음을 지었다.

고개를 돌린 다마루와 하세베 과장의 얼굴에서는 따뜻한 웃음이 사라지고, 눈에는 투지가 불타고 있었다.

지킬 거야!

사무소로 돌아온 다마루와 하세베 과장은 소장, 차장, 그리고 담당 지구 워커인 사토자키에게 사건에 대해 상세히 설명했다. 본래 지구 담당자인 사토자키가 대응해야 할 케이스이지만, 성 학대 케이스이기 때문에 특별히 사토자키의 파트너인 다마루가 워커 역할을 하고, 니시무라가 심리사로 보조를 하는 것으로 결정했다.

사토자키에게 있어서는 부임한 이래로 처음 경험하는 성 학대 케이스였다. 사토자키는 요코가 많이 걱정돼서 다마루에게 몇 가지 질문을 했다.

"다마루, 요코는 충격을 많이 받아서 패닉 상태에 빠진 거 아냐? 그런 나쁜 일을 당했으니까, 울다 지쳐서 이야기를 나눌 수 없는 상태라거나?"

"사토자키, 의외로 이런 일을 겪으면 그렇게 감정을 드러내지 않는 경우가 많아. 울고 소리를 지르기보다 아무에게도 말을 못 하고, 어떻게 해야 할지 몰라서 혼자 조용히 고민하고 괴로워하는 일이 많지. 요코도 그래. 어떻게 해야 할지 모를 슬픔이나 괴로움이 느껴졌지만, 그런 감정을 억지로 참으면서 침착하게 이야기해 주더라고."

"그런 건가……."

"성에 관해 이야기하는 걸 금기시하는 일본 같은 나라에서 자란 여성은 특히 그런 경향이 강한 것 같아. 상대에 대한 분노도 물론 있지만, 자신이 더럽혀졌다는 기분이나 자신의 가치가 사라졌다는 자기 혐오감에 시달리는 경우가 많지."

"아니 그게 무슨……, 피해를 당한 사람한테는 아무 잘못도 없잖아."

"당연하지. 그런데도 그렇게 생각하는 피해자가 많아. 그러니까 혼자 괴로워하면서 누군가에게 상담하기도 어려워하고, 사실대로 이야기하면 듣는 사람이 자신을 더럽혀진 존재라고 생각하고 경멸하면 어쩌나 하는 거지."

"성 학대라니 정말 용서할 수 없는 범죄네. 아무 잘못도 없는 사람의 마음에 가시덤불로 휘감은 듯한 무거운 짐을 지우고 마음을 아프게 하다니……, 용서가 안 돼."

분노로 치를 떠는 사토자키의 모습을 보고 진정시키듯 다마루가 말을 걸었다.

　"사토자키는 가해자가 반드시 형사처벌을 받아야 한다고 생각하지?"

　"물론이지!"

　"그런데 경찰에 피해 신고할 때는 신중해야 해."

　"어째서?"

　"피해 신고를 하면, 조서를 꾸미기 위해서 몇 번이고 강간당했을 당시의 이야기를 해야 하거든. 괴로운 일을 몇 번이나 말하는 건 피해를 당한 사람에게 있어서 견디기 어려운 일이야. 상처 입은 마음에 몇 번이고 몇 번이고 날카로운 칼을 대는 결과를 낳을지도 몰라. 그러니까 성 학대에 대해서는 가해자를 벌주는 것보다도 피해자의 안전과 마음을 지키는 일이 우선되어야 해."

　"그래도……."

　"사토자키의 분한 마음은 잘 알겠어. 그래도 피해자 마음에 생긴 깊은 상처를 생각하면 무리하게 피해 신고를 하도록 유도할 수가 없어. 이번 일도 솔직히 불안하지 않다고 하면 거짓말이야. 요코의 마음을 지지하고 함께할 생각이지만, 괜찮을까 하는……. 그 정도로 어려운 문제야. 성 학대라는 게."

　다마루가 많이 고민하고 어려워하는 것이 표정을 통해 사토자키에게도 전해졌다.

"······내가 뭘 할 수 있을지 모르겠지만, 일단 뭐든지 말해 줘."

"고마워."

설명을 끝낸 다마루가 소장실에서 나온 그 순간, 사무실 입구 문이 세차게 열렸다.

"하세베가 누구야!"

흥분한 요코의 계부와 어머니가 서 있었다.

"제가 하세베인데요, 어떻게 오셨습니까?"

"내가 사토미야. 요코 내놔!"

다마루는 또각또각 뾰족한 발소리를 내고 걸어가 계부 앞에 섰다.

"요코를 보호한 제가 이야기를 듣겠습니다. 면담실로 가서서 말씀하시죠. 이쪽으로 오세요."

"왜 면담실 같은 델 내가 가야 해! 조용히 요코를 돌려주면 끝날 일을!"

"사토미 씨, 요코는 보내 드릴 수 없어요. 아동 상담소가 소장 직권으로 일시 보호를 했으니까요. 사토미 씨가 그렇게 큰 소리로 말씀하셔도 보내 드릴 수 없습니다."

다마루가 확실한 어조로 말하자 계부는 더 흥분해서 다마루에게 따졌다.

"뭐라고? 남의 애를 맘대로 끌고 가서 돌려주지 않겠다니! 이봐, 너 이 자식들 대체 뭐 하는 짓이야! 국가 기관이 이렇게 애를 유괴해도 되는 거야! 나쁜 자식들아!"

"이건 법으로 보장된 아동 상담소의 권한입니다."

"거짓말하지 마! 어디 그런 제멋대로인 법이 있어!"

"원하시면 아동 복지법을 보여 드리겠습니다."

"시, 시끄러워! 그런 건 상관없어! 요코나 내놔!"

흥분한 계부에게 하세베 과장이 차분한 말투로 말을 걸었다.

"아무리 그러셔도 요코는 돌려보낼 수 없습니다. 더 이상 큰
소리를 내시면 위력에 의한 업무 방해에 해당합니다. 어떻게 하
시겠어요? 면담실에서 이야기 나누시겠어요?"

"너희들, 사람을 열받게 만들고 말이야. 어디야 면담실이!"

"이쪽으로 오시죠."

다마루와 하세베 과장은 면담실로 계부와 어머니를 안내했다.

"상담 과장인 하세베라고 합니다."

"아동 심리사인 다마루라고 합니다."

"니들 이름이 뭐든 그런 건 됐고, 요코나 여기 데려다 놔."

"대체 무슨 이유로 요코를 데려가신 거예요? 이유나 들어 봅
시다. 이유나!"

어머니가 따졌다.

"그건 지금부터 설명하겠습니다. 오늘 저녁 요코한테서 전화
가 왔어요. 사토미 씨, 사토미 씨가 3일 전에 부인이 편의점 아르
바이트 하느라 집을 비웠을 때 요코한테 성 학대를 하셨죠? 요

코는 오늘도 어머니가 집을 비우기 때문에 다시 강간당하지 않을까 겁나서 전화를 한 거예요. 그래서 제가 요코를 보호하고 있습니다."

어머니는 놀란 표정으로 계부를 봤다.

"당신, 그런 짓을 했어?"

"바보 같은 소리 하지 마! 그런 일을 할 리가 없잖아! 헛소리하지 마!"

"당신, 정말 안 그랬지?"

"당연하지. 그런 짓을 왜 해? 요코가 거짓말을 한 거야."

"그런 짓 안 했다잖아요! 무슨 증거가 있어서 그런 말을 하는 거예요?"

다마루는 어머니의 눈을 가만히 보며 말했다.

"우리는 요코가 거짓말하고 있다고 생각하지 않습니다. 요코는 사건에 대해 아주 상세하게 진술하고 있어요. 실제로 강간을 당하지 않았다면, 그렇게 상세히 진술할 수 없다고 생각합니다."

"그 자식은 나를 싫어하니까 거짓말로 나를 모함하는 것뿐이야. 그 자식은 원래 거짓말만 한다고! 니들은 그런 거짓말도 몰라보는 거야?"

계부는 마음의 초조함을 없애려는 듯 큰 소리로 다마루를 위압했다. 다마루는 계부의 외침을 무시하듯 어머니에게 말을 걸었다.

"어머니도 요코가 거짓말을 하고 있다고 생각하세요? 허언증이 있다고 생각하세요? 저는 전혀 그렇게 보이지 않습니다만."

하세베 과장이 다마루의 말에 지원사격을 하듯 말을 이었다.

"요코가 거짓말을 하는 것처럼은 안 보였어요. 말 속에 모순되는 점이 전혀 없었으니까요. 어머니는 딸을 믿지 않으세요?"

"모르긴 몰라도, 그 애가 좀 예민해요. 이 사람이 조금 스킨십을 했을 뿐인데 성희롱이네 뭐네 할 정도니까, 뭐든지 확대해서 말한다니까."

어머니는 조금 곤란한 듯한 표정으로 그렇게 말했다.

"하지만 어머니, 어머니 아이가 강간을 당했다는 정도의 거짓말을 할 거라고 생각하세요? 조금 예민한 정도로 그렇게 말도 안 되는 거짓말을 하겠어요?"

하세베 과장은 어머니의 눈을 가만히 응시하며 말했다.

"글쎄, 그건 모르겠지만. 그래도 이 사람이 이렇게 확실하게 안 했다고 말하잖아요. 우리 가족 이야기니까 가족끼리 해결할 테니 요코는 돌려줘요."

"내가 살짝 스킨십한 걸 불만을 품고 그러는 거라고! 그러니까 이렇게 말도 안 되는 거짓말을 하지! 됐으니까 요코를 내놔!"

"우리는 요코에게 보호해 달라는 요청을 받아서 보호하고 있습니다. 안전이 확실히 보장될 때까지 절대로 돌려보낼 수 없습니다."

소리를 질러대는 계부에게 다마루는 한발도 물러설 수 없다는 표정으로 대답했다.

"이 사람이 그런 짓을 했다는 증거가 어딨어요?"

"요코가 강간당하지 않았다는 증거도 없습니다. 본인이 절대로 돌아가고 싶지 않다고 하고 있고, 우리도 안전이 확보되지 않는 한 돌려보낼 마음이 없습니다."

다마루는 이어서 말했다.

"그리고 어머니도 요코에게 신체적 학대를 하셨죠? 요코의 몸에 맞아서 생긴 멍이 많이 있습니다. 성 학대 및 신체적 학대를 당하고 있는 아동을 보호하는 게 우리 이상의 책임이라서 절대로 요코를 돌려보낼 수 없습니다."

"이봐, 이봐, 니들 멋대로 그러는 게 어디 있어!"

계부는 더욱더 흥분해서 강한 말투로 외치며 다마루를 노려봤다. 다마루는 차가운 눈빛으로 종이 한 장을 계부의 앞에 내려놓고는 확실한 어조로 말했다.

"이건 직권 일시 보호 통지서입니다. 여기에 적혀 있는 것처럼 이 조치에 불복할 경우에는 3개월 이내에 불복 청구를 하실 수 있으니까, 오늘은 이쯤에서 돌아가시죠."

"신체적 학대라니 무슨 말이야! 그건 훈육이라고, 훈육! 아무 상관 없는 니들이 마음대로 학대라고 정하지 말라고!"

흥분한 어머니에게 하세베 과장이 못 박듯 말했다.

"그건 결코 훈육이 아니에요. 폭력을 동반한 훈육은 있을 수 없어요. 어쨌거나 요코는 돌려보낼 수 없으니까, 이쯤에서 돌아가시죠."

그 후, 작은 면담실에서는 한 시간 이상 입씨름이 이어졌다. 계부는 계속해서 소리를 지르고, 때로는 책상을 두드리거나 일어서서 의자를 차거나 하는 패턴을 반복했지만, 다마루도 하세베 과장도 표정 하나 변하지 않고 앉아서 침착한 톤으로 말을 이어 나갔다.

"아상을 상대로 아무리 큰소리를 지르더라도 결코 상황은 변하지 않습니다. 우리가 요코를 돌려보내는 일은 없습니다."

"너 이 자식, 두고 보자! 아는 현 의회 의원한테 알려서 가만 안 둘 테니까! 나중에 울고불고해도 소용없어!"

"네, 얼마든지요. 국회 의원이 와도, 총리대신이 와도, 요코는 돌려보낼 수 없습니다."

"가자!"

"그렇지만 여보, 요코는 어쩌고?"

"이 자식들한테 무슨 말을 해도 소용이 없잖아. 일단 가."

계부와 어머니는 대단한 기세로 돌아갔다.

"계부 엄청 초조해 보였지?"

"네, 저렇게 흥분하는 걸 보면 불안해서 어쩔 줄 모르는 거 같아요."

"그러네. 그건 그렇다 쳐도 어머니가 생각보다 모성이 없네. 요코를 믿고 감싸 주려는 모습이 전혀 없다는 거에 놀랐어. 요코가 안됐네. 어머니가 믿어 주지 않는다는 게."

하세베 과장은 답답한 듯 입술을 깨물었다.

"네, 맞아요. 바로 그거예요. 저 어머니가 이혼하는 일은 절대로 없을 것 같아요. 자기 딸이 강간당했는데 어떻게 저런 태도를 보일 수 있죠? 이해가 안 가요."

다마루가 험악한 표정으로 말했다.

"요코의 어머니는 어머니가 아닌 여자네……. 내일은 아침 일찍 요코하고 잘 이야기해 봐야겠다. 요코가 어머니를 어떻게 생각하는지. 그것도 확인해야겠네."

"알겠습니다. 심리 검사는 어떻게 할까요?"

"그건 청취가 끝나고 해도 되지 않을까? 요코가 피곤해 보이면 모레 해도 되고."

"알겠습니다. 요코를 꼭 행복하게 만들어 줄 거예요."

계부가 돌아가고 한 시간 정도가 지났을 때, 일시 보호과의 면담실에서 진행되고 있던 요코의 첫 진술 청취가 끝났다. 청취를 담당한 경찰은, 앞으로 몇 번 정도 더 청취를 해야 하니까 협조를 부탁한다고 요코와 니시무라에게 말한 후 서둘러 경찰서로 돌아가려고 했다. 니시무라는 경찰을 불러 세웠다.

"저, 잠깐만요."

"네, 무슨 일이세요?"

"이번에는 성 학대니까, 계부를 체포한 경우에 기자회견은 안 하실 거죠? 매스컴에 사건이 알려지면 바로 누가 강간 피해자인지 특정되니까요. 그렇게 되면 앞으로 요코의 인생이 계속 힘들어지잖아요."

"물론이죠. 그 점은 안심하세요. 절대로 밖으로 새 나가지 않게 할 거니까요."

"감사합니다. 잘 부탁드려요."

진술 청취가 끝났다는 말을 듣고 다마루와 하세베 과장이 일시 보호소에 찾아왔을 때, 요코와 니시무라는 이야기를 나누고 있었다. 이미 11시가 넘은 시각이었다.

"요코, 고생했네. 괜찮아? 이렇게 늦은 시각까지. 힘들었지? 정말 고생 많았어."

"조금 피곤하네요. 이것저것 상세하게 물어보셔서……."

"요코는 정말 최선을 다했어요. 굉장히 말하기 어려운 질문도 많이 받았는데……."

니시무라는 요코의 어깨를 안아 주면서 다마루와 하세베 과장에게 그렇게 전했다.

"그래. 경찰 청취는 힘드니까. 요코 오늘은 이만 자자. 내일도 잘 부탁해."

"네, 다마루 선생님, 니시무라 선생님, 하세베 과장님, 감사합니다."

"우리가 고맙지. 몸도 마음도 힘들게 해서 미안해."

"아니에요. 괜찮아요. 그러면 안녕히 주무세요."

"잘 자."

웃으며 침실로 향하는 요코의 모습에 다마루와 니시무라, 하세베 과장은 마음이 옥죄어 오는 것 같았다. 마음이 너덜너덜해지고 피곤함에 절어 있을 텐데, 온 힘을 다해 자신들에게 웃는 얼굴을 보인 요코의 마음을 생각하면 슬펐다. 어떻게 해서든 이 아이를 구해야지. 세 사람은 서로의 눈을 바라보며 다짐했다.

다마루와 니시무라, 하세베 과장이 사무실로 돌아와 기록을 작성하고 있는데 경찰에게서 연락이 왔다. 오전 1시에 계부를 강간죄로 체포하고, 증거품을 압수하기 위해 가택 수색을 한다는 거였다. 하세베 과장, 다마루, 니시무라는 계부의 성격을 생각했을 때, 순순히 자백할 리가 없다고 생각했다. 계부가 기소 사실에 동의하지 않는다면 요코가 공판에 증인으로 출정할 가능성이 커진다. 그게 세 사람에게는 굉장히 신경이 쓰였다. 계부가 솔직하게 죄를 인정해 주기라도 한다면 요코가 정신적인 부담을 더 지지 않아도 될 텐데. 세 사람은 기도하는 마음으로 사무소를 나왔다.

밖은 청정한 가을의 밤바람이 달빛에 비친 억새잎을 흔들고 있었다. 어디선가 드뷔시의 월광이 들려올 듯 청정한 공기에 둘러싸인 조용하고 맑은 밤이었다. 슬픈 사람들의 세상과는 관계없이 아름다운 자연의 풍경이 변함없이 시간을 새기고 있었다. 어째서 사람은 자연이 새기는 아름다운 시간의 흐름에 몸을 맡기지 못하는 걸까. 다마루는 차 시트에 몸을 깊이 파묻고 마음가는 대로 흔들리는 억새잎을 한참 바라보았다. 요코는 이런 조용한 밤에 책을 읽거나 음악을 듣는 자기만의 시간이 있었을까? 어떤 인생을 살아왔을까? 다마루는 한참을 그렇게 시동을 걸지 못하고 몇 번이나 한숨을 쉬었다.

다음 날 아침, 다마루는 시로니시 고등학교에 전화해서 교장에게 요코를 일시 보호했음을 알렸다. 자세한 내용은 나중에 학교로 가서 설명하겠으니, 절대로 요코의 집으로 전화하거나 하는 일이 없도록 교장에게 부탁했다. 학교에 연락한 후, 다마루와 니시무라는 면담실에서 요코의 이야기를 듣기로 했다.

"요코, 오늘 오전 1시에 계부가 체포됐대."

"체포됐군요. 다행이에요. 다마루 선생님, 그놈이랑 얘기해 봤어요?"

"응, 체포되기 전에. 어머니랑 같이 이쪽에 왔거든. 그때 얘기했어."

"그놈이 뭐래요? 자기가 그랬다고 인정했어요?"

"안타깝게도 완전히 부정했어. 그런 짓은 전혀 안 했다고. 요코가 거짓말하는 거라고 하더라고."

"역시나. 그렇게 말할 줄 알았어요. 진짜 나쁜 놈. 엄마는 뭐라고 했어요? 그놈이랑 이혼한대요?"

"글쎄…… 이혼할지 어떨지는 모르겠네."

"그렇구나. 엄마도 내 이야기를 안 믿는 거네요. 어쩐지 그럴 거라고 생각했어요. 엄마는 그놈을 잃고 싶지 않은 거예요. 나보다 그놈이 더 소중한 거예요."

요코는 참으로 슬픈 듯이 외로운 눈을 하고 그렇게 중얼거렸다.

"어머니도 충격을 받으셔서 그랬을 수 있고 아직 모르는 거야."

다마루는 그런 미덥지 않은 위로의 말밖에 떠오르지 않았다.

다마루와 니시무라는 요코에게 지금까지 어떻게 생활해 왔는지 물어보기로 했다.

요코는 긴 가을밤에 독서를 즐기는 듯한 생활을 전혀 보내지 못했던 모양이었다.

철이 들 무렵부터 이미 아빠는 없었다. 요코에게는 아빠의 기억이 없다. 엄마는 아빠가 요코가 태어난 지 얼마 안 돼 병으로 돌아가셨다고 했다. 엄마는 이 일, 저 일 전전했고 생활은 항상 불안정했다. 불안정한 생활에 대한 초조함 때문인지, 어릴 때부터 엄마는 마음에 안 드는 일이 있거나 시킨 일을 제대로 못 하면 소리를 지르며 요코를 때렸다. 내동댕이쳐져서 팔이 골절된 적도 있었다.

면담 중에 요코가 다마루와 니시무라에게 후두부에 있는 오래된 상처를 보여 주었다. 초등학교 2학년 때, 요코가 주스를 흘린 것에 분노한 엄마는 요코를 걷어차 버렸다. 요코는 날아가다가 책장 모퉁이에 머리를 부딪쳤고, 머리는 찢어져 피가 터졌다. 흘러내린 피가 방바닥에 떨어지자 방이 더러워진다고 엄마는 한층 더 화를 냈다. 요코는 근처에 굴러다니던 수건으로 상처를 막으면서, 걸레로 바닥에 떨어진 자신의 피를 열심히 닦았다. 상처를 막은 수건이 점점 새빨갛게 물들어 가는 게 어린 마음에 너무나 겁이 났다. 그때의 두려웠던 기억은 지금도 악몽으로 나타난다고 요코는 슬프게 웃으며 담담하게 말했다.

엄마는 요코가 한 청소가 마음에 안 들면, 남아 있는 먼지를 찾아내서 그걸 억지로 요코에게 먹였다. 또 요코가 배가 고프다고 한마디라도 하면 엄청난 양의 쌀밥을 요코가 토할 때까지 억지로 먹이고, 토하면 토한 걸 다시 먹이기도 했다.

요코는 말로 다 못 할 학대를 견디며 유소년기부터 지금까지 살아온 것이다.

초등학교에 입학한 이후로는 집안일을 전반적으로 도와야 했고, 초등학교 고학년이 되자 집안일 대부분을 요코가 도맡아 하게 되었다. 그즈음이 되자, 엄마는 스낵바(일본 술집의 한 종류)에서 일하기 시작했고, 요코는 매일 밤을 홀로 지냈다. 저녁에 엄마가 일하러 가면 요코는 진심으로 안도했다. 이제 아침까지 맞을 일이 없다고 생각했기 때문이었다.

중학생이 되어서도 엄마가 도시락을 만들어 준 적은 단 한 번도 없었다. 요코가 매일 스스로 도시락을 싸서 학교에 다녔다. 요코가 중학교 2학년 때, 엄마는 스낵바에 손님으로 왔던 사토미와 사이가 좋아져서 결혼했다.

요코는 음흉한 눈으로 자신을 보는 사토미에게 혐오감을 느꼈고, 가까워질 수 없었다. 사토미는 그런 요코를 보고 훈육이 안 돼 있다며 엄마를 탓했다. 그때마다 엄마는 사토미의 눈치를 보며 요코를 때리고 혼냈다.

사토미의 등장은 요코에게 있어서 새로운 스트레스의 등장일 뿐이었다. 요코는 더욱 정신적으로 내몰리며 몸을 웅크린 채 생활을 해왔다.

다마루와 니시무라는 생각했다. 이 아이의 영혼을 구해야 한다고. 다마루는 중요한 질문을 요코에게 던졌다.

"요코는 계부하고는 이제 다시는 만나고 싶지 않지?"

"절대로, 절대로 만나고 싶지 않아요."

"그렇지? 그럼, 요코는 어머니에 대해서는 어떻게 생각해?"

"어떻게라뇨?"

"좋다거나 싫다거나, 싫은 점도 있지만 소중하게 생각한다거나. 뭐든 괜찮아. 엄마를 생각하면 어떤 기분이 드나 싶어서."

"좋다거나 소중하다거나, 그런 마음은 솔직히 거의 없어요. 혼내고, 때린 모습밖에 기억이 없어서요."

"다정했던 때도 있었겠지?"

"그게, 다정하게 대해 줬다거나 어디에 같이 놀러 갔다거나, 그런 즐거운 기억이 없어요. 여름방학 땐 집에 있으면 혼나니까 친구 집에 가고, 숙제도 거기서 하고……."

"그래……."

"아무튼 집에 있는 게 무섭고 괴로워서……, 하지만 어떻게 할 수가 없잖아요. 부모를 고를 수 있는 것도 아니고, 아무리 무서워도 내 엄마는 그 사람으로 정해져 있고, 돌아갈 곳이 그 집밖에 없으니까……. 애들은 선택지가 없는걸요."

"그렇지. 그런데 이제부터는 안 그래. 앞으로 어떻게 생활할 건지를 요코가 선택할 수 있어."

"그게 무슨 말이에요?"

"물론 뭐든지 생각대로 될 거라고 하긴 어렵지만, 어머니와의 거리를 어떻게 할지는 결정할 수 있어. 지금까지 어머니와 떨어져서 지낸 적이 없었겠지만, 앞으로 한동안 떨어져서 생활할 테니까 곰곰이 생각해 봐."

"……."

요코는 잘 이해가 가지 않는 얼굴로 다마루를 쳐다봤다.

"앞으로 요코가 어떻게 하고 싶은지, 어머니와 함께 생활하고 싶은지, 아니면 어머니와도 같이 지내고 싶지 않은지. 그런 것에 대한 자신의 마음을 천천히 살펴봤으면 좋겠어."

"잘 모르겠지만, 엄마하고 같이 살지 않아도 된다는 거예요? 계속 집에 안 가도 된다는 말?"

"응. 혹시 요코가 집에 돌아가고 싶지 않고 어머니하고도 만나고 싶지 않다면, 그건 가능해."

"정말요?"

요코의 눈이 순간 반짝였다.

"그런 경우에 요코는 집이 아니라 아동 양호 시설에서 생활하거나, 아니면 위탁 가정이라고 해서 친부모 대신 보살펴 주시는 분들과 생활하게 돼. 그 두 선택지밖에 없지만."

"시설이나 위탁 가정……."

"잘 안 그려지지? 시설은 요코하고 비슷한 나이의 아이들부터 만 2살의 작은 어린이들까지 같이 생활하는 장소야. 그러니까 대화 상대는 많아서 좋을 수도 있지만, 집단생활이라서 갑갑한 면도 많아."

"그럼, 위탁 가정은요?"

"위탁 가정은 요코의 부모님이 돼 주실 분들이랑 생활한다고 생각하면 될 것 같아. 위탁 가정에서 같이 살게 되니까 신경도 쓰일 거고, 위탁 부모님과 잘 안 맞으면 불편할 수도 있고. 어느 쪽이든 일장일단이 있어. 미안해. 선택지가 적어서."

"그래도 집 이외에도 생활할 수 있는 곳이 있네요."

요코는 조금은 안심한 듯도, 기쁜 듯도 한 묘한 표정을 지었다.

"그럼 요코, 어머니에 대해서 잘 생각해 봐."

"네, 알겠어요. 아, 그리고 학교는 언제부터 갈 수 있어요?"

"그게, 일시 보호소에서는 학교에 다닐 수 없어. 요코가 빨리 학교에 가고 싶으면, 아까 이야기한 아동 양호 시설이나 위탁 가정에 일시 보호를 위탁해서, 거기서 다니는 건 괜찮아. 그렇게 할까?"

요코는 눈을 감고 고개를 조금 기울인 채 고민하는 것 같았다.

"아동 양호 시설이나, 위탁 가정의 분위기와 모습도 알 수 있으니까 좋을지도 몰라. 어느 쪽을 선택하든, 혹시 정 잘 못 지내겠으면 위탁처를 바꿀 수도 있고. 어때?"

요코는 눈을 번쩍 뜨고 결심을 한 듯이 말했다.

"가능하면 학교에는 빨리 가고 싶어요."

"알았어. 그럼 가능한 한 빨리 일시 보호 위탁을 하는 방향으로 진행할게. 지금 단계에서는 어느 쪽이 좋을 것 같아?"

"저, 아동 양호 시설에 들어가면 제 방을 받을 수 있나요?"

"1인 1실은 아니야. 요코 나이면 2인실이겠네."

"위탁 가정은요?"

"위탁 가정은 일반 가정이니까, 방 하나를 요코의 방으로 만들어 줄 거야."

"정말요? 저 엄청 낯을 가려서, 가능하면 혼자 방을 쓰는 편이

마음이 편할 것 같아요. 그러니까 위탁 가정이 저한테는 좋을 것
같아요."

"그래? 알았어. 그럼 그 방향으로 생각해 볼 테니까 조금만 더
시간을 줄래?"

"네. 그렇게 해 주세요."

사무실로 돌아온 다마루는 서둘러 움직였다.

"니시무라 씨, 미안한데 오후부터 요코 검사 좀 해 주실래요?
WAIS-III(성인용 지능 검사 3판)하고 바움(Baum) 검사요."

"알겠습니다."

"그리고 시약소에서 요코 호적 등본을 떼야 하니까 그 결재도
부탁해요. 요코가 계부의 양자로 들어가 있으면 양자 결연 해소
를 해야 하니까요."

"알겠습니다. 다른 건요?"

"일단 그것만 부탁해요. 저는 시로니시 고등학교에 가서 교장
선생님과 담임 선생님께 사정을 설명하고 올게요. 그 후에 경찰
서에 들러 상황도 확인하고요. 근데 사토자키는 면담 있어?"

"오늘은 이상하게 오전이 비어 있네."

"그러면 같이 가자. 가면서 부탁할 것도 좀 있고."

"모처럼 기록 작성 중인데…… 뭐, 괜찮아."

"궁시렁거리지 말고 얼른 준비해. 요코 일이야!"

"그런 거면 빨리 얘길 해야지. 바로 나가."

"그럼 고등학교에 먼저 갈까?"

차에 타자 사토자키는 조금 장난을 치며 다마루에게 물었다.

"그래서 나한테 부탁할 게 뭐일까요. 명령이 아니라 부탁은 정말 드문 일인데에. 어쩐지 으스스한 건 기분 탓인가아."

"말을 또 왜 그렇게 해. 뭐야, 명령이라니. 내가 엄청나게 잘난 체하는 사람 같잖아!"

"잘난 체 안 하는 사람 같이 말하네."

"뭐야 그게. 항상 친절하게 지도해 주고 있구만. 더 고마워하라고, 참 내."

"그래서, 뭐야? 부탁이라는 게."

"사토자키, 캐치볼 할 줄 알아? 나는 야구는 자신이 없어서."

"그럼, 캐치볼 정도는 할 줄 알지. 어렸을 때 정말 많이 했어."

"정말? 잘됐다. 그럼 요코하고 캐치볼 좀 해 줘. 요코는 소프트볼부에서 투수래. 일시 보호 중에는 이래저래 스트레스가 쌓일 텐데 캐치볼을 하면 기분 전환이 되지 않을까 싶어서."

"좋네! 맡겨 둬. 지금까지 다마루가 한 의뢰 중에 제일 좋은 일이네."

"정말 하나하나 다 짜증 난다니까. 기왕 하는 거 제대로 해!"

"그럼, 당연하지. 제대로 할 거야. 곧 도착하니까 얼굴 좀 풀어. 교장 선생님이 겁내시면 어떡해."

시로니시 고등학교에 도착해서 다마루와 사토자키는 교장실로 향했다. 교장실에 요코의 담임도 와 달라고 해서 상황을 설명했다. 물론 요코가 성 학대를 당했다는 말은 하지 않고, 계부에게 폭력을 당해서 일시 보호를 했다고만 설명했다. 성 학대에 대해서는 정보가 새지 않도록 정보 공유는 최소한으로 하는 것이 철칙이기 때문이다. 다마루는 아동 양호 시설 등에 일시 보호 위탁을 할 때까지는 학교를 쉴 수밖에 없으므로 같은 반 친구들에게는 독감에 걸렸다고 설명해 줄 것을 담임에게 당부했다. 담임은 혹시 쉬는 기간이 길어지면 어떻게 하냐고 불안한 듯 다마루에게 물었다. 그런 경우에는 합병증으로 폐렴이 와서 조금 시간이 더 걸린다고 설명해 달라고 다마루는 대답했다. 경과는 모두 보고하겠으니 안심하라고 교장과 담임에게 말하고 두 사람은 경찰서로 향했다.

남부 경찰서에 도착한 두 사람은 가와사키 형사에게 조사 상황을 들었다.

"그래서 상황은 어떤가요? 잡히니까 겁내면서 솔직하게 자백하던가요?"

"아뇨, 완전히 혐의를 부인하고 있어요. 사실무근이라고 우기더라고요. 대학병원에서 보내온 검체는 지금 DNA 감정을 받고 있는데, 샤워한 후에 채취한 거라서 제대로 된 결과가 안 나올 거 같아요."

"그렇겠죠?"

다마루는 실망한 표정을 지었다.

"그런데 가택 수색을 하면서 가져온 쓰레기 안에서 콘돔을 발견했다는 보고가 있었어요. 정액 DNA하고 사토미 DNA가 일치하고, 콘돔에 부착된 질액에서 피해자의 DNA가 나오면 아무 짓도 안 했다고 우기지는 못하겠죠."

"정말입니까? 그러고 보니 오늘이 쓰레기 수거일 아닌가요?"

"맞아요. 정말 간발의 차로 증거를 구했죠."

"요코가 고생을 많이 하긴 했지만, 어제 늦게라도 진술 청취를 한 게 증거 보전으로 이어졌다는 거네요. 아, 정말 마음이 복잡해지네."

"마음이 복잡하지만, 좋게 좋게 생각하자."

"그래. 가와사키 형사님, 성 학대는 물증이 나오는 경우가 거의 없는데, 그 콘돔은 정말 귀중한 증거네요."

"그 증거로 다 인정해 주면 좋겠는데……, 어쨌든 검사 결과를 포함해서 뭐가 있을 때마다 연락드릴게요. 피해 아동에 대한 추가 조서도 작성해야 하고 그쪽으로 다시 갈 일도 있고요. 협조 부탁드립니다."

"알겠습니다. 그런데 혹시 청취가 필요하다고 하면 횟수는 한 번으로 해 주세요. 피해 아동의 정신적인 부담이 크니까요."

"충분히 고려할게요. 다마루 씨 무서우니까."

"아, 그리고 계부가 체포됐을 때 어머니는 어땠어요?"

"엄청 난리를 부렸죠. 딸이 거짓말을 한 거라면서. 자기 딸을 못 믿는 건지, 어휴."

"그래요. 가와사키 형사님, 이번에 빠르게 대응해 주셔서 정말 감사합니다."

"아뇨, 그쪽에서 빨리 연락을 주셨으니까요. 다마루 씨, 저 자식은 보통 수단으로는 어려울 거 같아요. 길어질 거라고 생각해 주세요."

"알겠습니다. 그럼, 오늘은 이만 가 볼게요."

다마루가 시계를 봤더니 벌써 12시를 넘긴 시각이었다.

"사토자키, 오늘은 도시락?"

"아니, 오늘은 도시락 주문 안 했는데."

"그래. 그럼 점심 먹으러 갈까? 오랜만에 먹고 싶은 파스타가 있어."

두 사람은 간선도로에서 떨어진 주택가의 좁은 길로 들어갔다. 언뜻 보기에는 보통 민가로 보이는 눈에 띄지 않는 가게였다. 차에서 내리자 볶은 마늘의 고소한 냄새가 풍겨 왔다. 찾아오기 어려운 위치임에도 가게 안은 거의 만석이었다. 두 사람이 카운터 자리에 앉자 사람 좋아 보이는 노파가 바로 물잔을 갖다 주었다.

그 물을 마신 사토자키는 살짝 놀랐다. 그건 그냥 물이 아니었다. 시원한 허브향과 은은한 레몬 풍미가 느껴지는 상큼한 느낌의 물이었다.

"물 맛있지? 여기 할머니가 허브를 좋아하셔서 잘 아신대. 매번 계절에 맞는 향으로 만들어 주셔. 마음이 편안해지지 않아?"

"응. 기분이 진정되네. 그래서 뭐 주문할 거야? 나도 같은 거 주문하려고."

"그래? 그럼 안초비 차조기 잎 파스타. 심플하지만 맛있어."

잠시 후, 입맛 당기는 향을 풍기는 파스타가 나왔다. 강하지 않은 마늘의 고소한 향과 함께 잘게 썬 차조기 잎의 상큼한 향기가 절묘한 조화를 이루며 피어오른다. 차조기 잎의 선명한 초록색도 아름다웠다.

"호오, 먹기도 전에 벌써 맛있음을 약속받은 느낌이네."

"그렇지? 와, 정말 오랜만이네, 이 냄새. 잘 먹겠습니다."

입 안에 넣으니, 안초비 특유의 풍미와 짭짤함이 마늘과 차조기 잎의 향기, 그리고 버섯의 씹는 맛과 뒤섞여 너무 맛있었다.

"뭐라고 잘 표현이 안 되는데, 엄청 맛있다."

"다행이야. 마음에 든다니. 그럼 잠깐의 행복을 느꼈으니 오후부터는 다시 힘내자고!"

"그러네. 맛있는 음식을 먹으면 힘이 난다니까. 이야, 진짜 맛있다."

둘은 짧은 시간이지만 평화로움을 즐겼다. 에스프레소까지 마신 후 다마루는 계산서를 들고 계산대로 향했다.

"다마루, 얼마야?"

"됐어. 가끔은 내가 낼게. 갑자기 나가자고 하기도 했고. 돌아가는 길에 안전 운전 부탁해."

"그럼, 사양 않을게. 잘 먹었습니다. 다마루, 근데 좀 신경 쓰이는 게 있어. 아까 가와사키 형사가 길어질 거라고 했잖아. 대체 무슨 말이야?"

다마루는 우울한 표정을 지었다.

"아, 그거. 계부가 솔직히 죄를 인정할 사람이 아니라는 거지. 지금 상태에서 계부는 강간 자체를 안 했다고 하는데, 혹시 오늘 쓰레기통에서 발견된 콘돔에서 계부하고 요코의 DNA가 나온다고 해도, 계부는 인정하지 않을 거야."

"그게 무슨 말이야? DNA가 나오면 계부가 강간했다는 부인할 수 없는 증거잖아."

"그러니까 강간을 인정하지 않을 거라는 얘기야. 아마 이번에는 요코가 동의해서 한 성관계라는 주장을 할 거라는 걸 가와사키 형사는 예상하는 거지."

다마루의 미간에 깊은 주름이 생겼다.

"동의라니……, 동의했을 리가 없잖아! 뭐야 동의라니!"

"상대가 만 13세 이상이잖아, 그러면 만약에 쌍방이 동의해서 한 성관계인 경우에는 강간죄가 아니라, 아동 복지법 위반이 되니까 형이 가벼워질 가능성이 높아."

"뭐 그런 나쁜 놈이! 조금의 양심도 없는 놈! 비열하기 짝이
없는 놈!"

"문제는 그것만이 아니야. 그 말인즉슨, 요코가 증인으로 법정
에 출정해야 할 가능성이 높다는 걸 의미해."

"그럼 요코한테 부담이 가중된다는 거네."

"나, 절대 봐주지 않을 거야. 절대로."

두 사람은 분노로 불타오르고 있었다. 사토자키는 핸들을 강
하게 움켜쥐었다.

"우선은 안전 운전이야."

"으……, 알았어, 알고 있다고."

마음에 온기를

그날 오후, 니시무라는 요코의 발달 검사를 실시했다. 요코의 IQ는 103으로, 평균적이며 균형 잡힌 능력의 소유자라는 것을 알 수 있었다. 기억, 인지 능력도 아무 문제가 없다는 것에서, 사건에 관한 요코의 증언에 대해서도 본인이 거짓말을 하고 있지 않는 한 문제가 없다는 것을 확인했다.

니시무라는 사무소로 돌아온 다마루에게 요코의 발달 검사 결과를 꼼꼼하게 전달했다. 그러고 나서 한 장의 그림을 다마루 앞에 꺼내 놓았다. 그 그림을 본 다마루의 표정이 밝아졌다.

"이거, 요코가 그린 거예요?"

"네, 맞아요."

니시무라는 작게 고개를 끄덕이고는 살며시 웃었다. 니시무라가 다마루에게 전해 준 종이에는, 작은 사과가 여러 개 열린 나무가 그려져 있었다. 바움 테스트였다.

"생각했던 것보다 훨씬 좋은데요. 저 애는 진짜 대단한 애네요. 그렇게 나쁜 환경에서 자랐으면서 이런 나무를 그리다니 말이에요."

"그렇죠! 저도 그렇게 생각했어요. 사과 크기도 작고, 수도 그렇게 많은 건 아니지만, 땅을 잡고 있는 뿌리가 그려져 있어요. 나무줄기도 얇은 편이긴 하지만, 상처나 구멍도 없고 곧게 서 있고요, 작긴 하지만 나뭇가지도 균형 좋게 그려져 있어요."

"그러네요. 저 아이, 용케도 이렇게 잘 자랐네요. 마음의 심지가 강하고 굳은 아이인지도 모르겠어요. 전체적으로 자신이 없어 보이긴 하지만 균형이 좋네요."

"사과 열매의 크기나 개수를 봤을 때, 꿈을 크게 가지고 있는 건 아닌 것 같지만 꿈이 없는 건 아니니까요."

"그러네요."

"나무줄기가 얇은 부분이나 뿌리 내린 모양이 조금 약해 보이는 부분에서 자신이 없는 게 느껴지기는 하네요. 그래도 어느 쪽이든 휘어지지 않은 점이 요코의 올곧은 심지를 알 수 있는 것 같아요."

"네, 일단 그림을 보니 안심이 되네요."

"나뭇가지가 조금 작은 걸 보면 마음의 에너지가 조금 부족한 것 같아요. 하지만 나쁘지는 않네요."

"종이에서 튀어 나갈 정도로 큰 나뭇가지를 그리면 감정이 폭발할 것 같은 에너지가 내재되어 있을까 불안하기도 하고, 너무 작으면 에너지가 고갈될까 봐 불안하기도 하고……."

"요코가 자란 환경을 생각하면, 이 바움 검사 결과는 거의 기적 같이 느껴져요."

"확실히 그러네요. 이러면 괜찮을 것 같아요. 그래도 방심하지 말고 트라우마 케어를 확실하게 해 가죠."

"네, 그렇게 해요."

"저는 요코가 앞으로 분명히 좋아질 거라고 믿어요."

"네, 더 성장할 거라고 생각해요. 어디 좋은 위탁 가정이 없으려나"

"요코를 잘 성장시켜 줄 위탁 가정이 있으면 좋겠네."

두 사람은 요코의 밝은 미래를 바랐다.

4시가 넘어서 사토자키의 면담이 끝나자 다마루는 사토자키를 데리고 일시 보호소로 향했다.

"요코, 잠깐 괜찮아?"

"아, 다마루 선생님, 어쩐 일이세요?"

"조금 기분 전환하러 갈까? 캐치볼 안 할래?"

"진짜요? 할 수 있어요?"

"나는 못 하지만 도와줄 사람을 데리고 왔어. 별로 믿음직스럽지는 않겠지만 좀 참아. 나쁜 녀석은 아니야."

다마루와 요코가 안뜰로 나가자, 사토자키가 밝게 웃으며 글러브를 손에 끼고 기다리고 있었다.

"요코, 케이스워커인 사토자키 씨야. 캐치볼을 같이 해 줄 거야. 눈치 볼 필요 없으니까, 힘껏 던져."

"안녕? 나는 사토자키라고 해. 잘 부탁해. 바로 시작할까?"

"저 사토자키 선생님은 소프트볼 경험이 있으신가요?"

"소프트볼 경험은 없지만 야구는 경험이 있으니까 괜찮아."

"요코, 괜찮아, 신경 쓰지 마. 힘껏 던져."

"그, 그런가요? 그럼 눈치 안 보고 던집니다."

처음에는 어깨를 길들이기 위해 아주 평범한 캐치볼을 이어 갔다. 사토자키도 여유를 가지고 즐겼다. 요코의 밝은 웃음이 기뻤다. 두 사람이 평화롭게 캐치볼을 하고 있으니 다마루가 사토자키에게 말했다.

"그럼 사토자키, 슬슬 앉아서 해 봐."

"응? 앉으라니?"

"말했잖아. 요코는 투수라고. 빨리 앉아서 포수 역할을 해 줘. 연습해야지."

"아, 그러네. 알았어. 좋아, 요코, 있는 힘껏 던져 봐."

사토자키는 그렇게 말하고 웃으며 글러브를 주먹으로 팡팡

쳤다.

"그럼 갑니다. 괜찮으시겠어요?"

"괜찮아, 괜찮아. 좋아, 던져!"

요코가 오른쪽 팔로 천천히 작은 원을 그리면서 들어 올리더니, 다음 순간 요코의 무릎 부근에서 소프트볼이 엄청난 속도로 발사되었다.

"힉!"

사토자키는 자신도 모르게 몸을 뒤로 젖혔다.

"야! 왜 도망가. 왜 그렇게 겁이 많아! 뭐가 '좋아, 던져'야. 겁내지 말고 제대로 잡으라고!"

다마루가 공격해 왔다.

"그, 그렇게 말했지만 나는 이렇게 강속구가 날아올 줄 몰랐단 말이야! 자, 잠깐만! 요코도 힘 조절을 좀 해 줘."

"요코, 힘 조절하면 안 돼. 전력으로 던져."

"왜 네 마음대로 그래! 죽일 셈이야!"

"안 죽어. 아무튼 오버하기는."

그 모습을 본 요코는 키득키득 웃었다.

"사토자키 선생님 죄송해요. 다음에는 살살 던질게요."

"부탁해. 힘 좀 빼 줘. 조금씩 속력을 높여 주면 안 될까? 응? 부탁해."

처음 몇 번은 요코가 던지는 볼을 제대로 잡기 힘들어하던 사토자키였지만, 특유의 끈기로 점차 요코의 빠른 공을 확실하게 잡을 수 있게 되었다. 요코도 그런 사토자키의 실력이 늘어 가는 모습을 봐 가면서 던지는 속력을 높였다.

40분이 지나자 요코도 사토자키도 진지한 표정으로 연습에 몰두하고 있었다. 때때로 요코는 뭐라 표현하기 힘들 정도로 밝은 웃음을 보이며, 사토자키가 끼고 있는 글러브를 향해 속구를 날렸다. 마치 아버지와 딸이 캐치볼을 즐기는 것처럼 보였다.

"그럼, 오늘은 이 정도로 해 둘까? 사토자키도 어느 정도 익숙해진 것 같고."

"뭐가 어느 정도야, 잘난 척하기는. 엄청나게 열심히 했다고! 그렇지? 요코."

"네, 꽤 센스가 좋으신 거 같아요. 이렇게 단시간에 그렇게까지 공을 받을 수 있게 되셨잖아요."

"안 돼, 요코, 그렇게 칭찬하면 안 돼. 바로 우쭐해진다고."

"그렇지만 정말 대단하신 거 같아요. 저, 엄청 기뻤어요. 혹시 아빠가 있으면 이렇게 캐치볼을 같이 했으려나 하고. 사토자키 선생님이 공을 던져 주실 때마다, '힘내, 힘내' 하고 격려해 주시는 것 같아서 진짜 엄청 기뻤어요. 사토자키 선생님 감사합니다."

"아, 아니. 내가 더 잘했으면 좋았을 텐데, 그 정도까지는 잘 안 돼서. 그래도 조금 감을 잡았으니까 다음에는 더 잘 받아 볼게."

"또 같이 해 주실 거예요? 정말요? 완전 좋아! 오늘은 진짜 감사했어요."

뭐 그리 대단한 일을 한 것도 아니다. 겨우 40분 정도 캐치볼을 했을 뿐인데, 그걸 이렇게도 기뻐하는 요코의 마음을 생각하니 사토자키는 가슴이 괴로워졌다. 아버지를 모르고, 어머니의 사랑을 모르고, 폭력에 위협당하면서도 온 힘을 다해 살아남은 요코에게 있어서 사토자키와의 별 거 아닌 캐치볼이 아주 신선하고, 따뜻함이 가득한 풍요로운 시간처럼 느껴졌을 것이다. 사토자키를 보고 아버지를 상상해 봤을지도 모른다. 이 아이의 힘이 되고 싶다. 사토자키도 그렇게 강하게 마음먹었다.

"고마워, 사토자키. 요코 정말 좋아하더라. 정말 기뻐 보였어."

다마루가 사토자키의 수고에 고마워하는 듯 웃으며 말했다.

"나는 아무것도 안 했어. 다마루, 요코는 정말 좋은 아이네. 그렇게 심각한 학대를 받았으면서 비뚤어진 데가 없어. 기적이야, 기적. 어떻게 해서든 행복해졌으면 좋겠어. 아니, 요코는 행복해져야만 해."

"그러네……."

다마루는 사춘기인 요코의 생활을 하루라도 빨리 안정시키고 싶다고 생각했다. 성 학대를 당한 요코가 조금이라도 안심할 수 있는 위탁 가정을 빨리 찾아야 한다. 가정적이고 프라이버시를 확보할 수 있는 환경이 필요하다고 다마루는 생각했다. 요코를 안심하고 맡길 수 있는 위탁 가정이 있을까? 전학을 하지 않고 지금 학교를 계속 다닐 수 있으려면 같은 시에 있는 위탁 가정 중에서 고를 필요가 있다. 다마루는 머리를 열심히 굴렸다. 그날 밤, 다마루는 위탁 부모들의 얼굴을 떠올리며 리스트를 가만히 확인했다. 그리고 마침내 한 위탁 가정을 찾았다.

다음 날, 상담소 내의 수리회의에서 요코의 일시 보호 위탁처를 검토했다. 다마루는 능숙하게 요코의 케이스에 대한 상세한 설명과 발달 검사, 바움 검사의 결과, 일시 보호 중의 모습 등에 대해서 보고했다. 그리고 요코 본인이 빠른 등교와 위탁 가정의 일시 보호를 희망한다는 점에서, 같은 시에 있는 위탁 가정을 찾는 게 최우선이라고 설명했다.

"이상의 경과를 통해, 저는 전문 위탁 부모인 다쓰노 씨에게 위탁하는 게 적절하지 않을까 생각합니다."

다마루의 의견에 마에야마 차장이 입을 열었다.

"다쓰노 씨라……. 확실히 다쓰노 씨는 경험이 풍부하고, 학대 당한 아동에 대한 대응도 할 수 있는 연수도 충분히 받으신 분이지. 그런데 지난달에 남편분이 돌아가시지 않았나? 아직 상실감이 충분히 가시지 않았을 것 같은데, 지금 다쓰노 씨한테 요코를 부탁하는 건 어렵지 않을까? 부담이 클 것 같은데, 어때?"

"네, 확실히 그런 점이 있습니다. 저도 그 점에 대해서 생각해 봤습니다. 하지만 시 내에 다른 위탁 가정을 찾아보니 모두 부부가 위탁 부모를 하고 있더라고요."

"연세가 좀 있으신 분들이라면 부부라도 괜찮지 않을까?"

"차장님, 죄송합니다만, 요코가 지금 씩씩하게 행동하고는 있지만, 한 지붕 아래에서 남자와 동거한다는 게……, 아무리 상대방이 나이가 많고 상냥한 분이라고 하더라도 역시 큰 스트레스가 될 거로 생각합니다."

"그런 쪽 감각은 담당 워커의 견해가 우선되어야 하겠지."

마에야마 차장은 다마루의 감각을 믿는 모습이었다. 다마루는 바로 보충 설명을 하고, 다쓰노 쪽으로의 위탁을 밀었다.

"다쓰노 씨 집은 부인 혼자 계시고, 전에도 사춘기 아이를 맡으신 경험도 있고요. 그때도 필요 이상으로 간섭하지 않고 아이 본인의 의사를 존중하는 훌륭한 대응을 해 주셨어요. 남편분이 돌아가신 지 얼마 되지 않아서 괴로운 시기겠지만, 저는 요코를 맡아 주실 적임자로 다쓰노 씨밖에 없다고 생각합니다."

"음……, 어떻게 생각하세요, 소장님?"

"글쎄요, 어려운 지점입니다만, 성 학대 케이스니까요. 다마루 씨가 말한 대로 남자하고 같이 살면 여러 일이 생각나서 괴로울지도 모르겠네요. 일반 민가는 아무래도 거리감이 가까우니까, 플래시백도 걱정이 되고요. 한번 다쓰노 씨하고 접촉해 보는 건 어떻습니까? 다만, 다쓰노 씨의 마음도 충분히 고려해 주세요."

"감사합니다. 바로 다쓰노 씨를 만나 보겠습니다."

"억지로 부탁하면 안 돼, 다마루 씨."

"알겠습니다. 차장님, 굳이 안 하셔도 될 말을 그렇게 하세요. 전엔 안 그러시더니."

"미안. 신중한 거야, 나는."

마에야마 차장이 웃으며 대답했다.

다마루는 회의가 끝나자 오후로 예약해 두었던 두 건의 면담을 끝내고 다쓰노의 집으로 향했다.

요코가 다니는 시로니시 고등학교에서 자전거로 20분 정도 걸리는 한적한 주택가에 다쓰노의 집이 있었다. 작은 대문을 열면, 깨끗하게 청소된 화강암으로 만든 계단이 현관까지 이어져 있고, 현관 미닫이문은 열려 있었다. 현관 앞에 서자 다마루의 코에 은은한 향냄새가 풍겨 왔다. 다마루가 부르자 복도 안쪽에서 다쓰노가 웃으며 나타났다.

"다마루 씨, 오랜만이네요. 어서 와요. 안으로 들어오세요."

"실례하겠습니다. 정말 오랜만에 뵙네요. 갑자기 연락드리고 또 이렇게 찾아와서 죄송해요."

"아이고 괜찮아요. 무료하던 차에 반가웠어요."

"향 피워도 될까요?"

"고마워요. 남편이 좋아할 거예요."

다마루는 불단에 향을 올리고 조용히 손을 모으고 눈을 감았다. 예전에 자신이 담당했던 중3 여자아이를 위탁하러 왔던 날이 기억났다. 다쓰노의 남편이 보여 주었던 상냥한 웃음이 떠올랐다.

"왠지 아직도 저쪽 거실에서 남편분이 저를 부르실 것 같은 기분이 들어요. 그렇게 건강하셨는데……."

"그러게요. 뇌졸중이었어요. 순식간에 그렇게 됐지……. 가끔 그 사람 목소리가 들리는 것 같은 느낌이 들어요."

"그러시겠죠. 정말 사이가 좋으셨잖아요."

예상은 했지만 다마루는 역시 마음에 걸렸다. 오랜 병을 앓은 것도 아니고, 갑자기 남편을 잃은 다쓰노의 상실감을 생각하면, 자신이 지금부터 부탁하려고 하는 일이 얼마나 제멋대로의 생각에 지배되어 정한 일인가 하는 생각이 들었기 때문이다. 다마루가 요코에 대해 말을 꺼내지 못하고 있자, 다쓰노가 다마루에게 말을 걸었다.

"그래서 이번에는 어떤 아이를 맡으면 되나요?"

다쓰노는 상냥한 웃음을 지으며 다마루에게 그렇게 말을 꺼냈다. 다마루는 놀라서 다쓰노의 얼굴을 가만히 바라보았다. 다쓰노는 '괜찮아요, 눈치 보지 말고 말해요'라는 듯한 표정으로 다마루를 바라보았다.

"괜찮으세요? 괴로운 시기이실 거 같아서……."

"다마루 씨가 이렇게 우리 집에 찾아왔다는 건 내가 아니면 안 되는 케이스인 거 아니에요? 남편도 분명히 맡으라고 저 위에서 말할 것 같고요."

"가, 감사합니다. 그리고 무리한 부탁을 해서 죄송합니다."

다마루는 깊이 머리를 숙였다.

"아이고, 그러지 마세요. 우리 사이에. 머리 들어요. 나도 혼자 집에 있는 것보다 그쪽이 더 좋을 것 같아요."

다마루는 천천히 머리를 들고 요코의 이야기를 시작했다. 요코가 계부에게 성 학대를 당해서 보호되었다는 것. 어렸을 때부터 어머니에게 학대를 당하면서 컸다는 것. 발달 검사 결과나 일시 보호소에서의 생활 태도에 관해서도 자세히 설명했다.

"많이 괴로웠겠네. 그래서 다마루 씨는 위탁처로 여자 혼자 있는 우리 집이 좋겠다고 생각한 거겠네요."

"맞아요. 소장님도 차장님도 고민을 많이 하셨는데, 제가 절대 다쓰노 씨가 아니면 안 된다고 우겼어요."

"호호호호호, 다마루 씨답네요. 그럼 우리 집에 맡겨 주세요. 내가 어디까지 할 수 있을지 모르겠지만, 최선을 다해서 요코의 마음을 보듬어 줄 수 있도록 해 볼게요. 남편이 죽은 지 얼마 안 돼서 이렇게 연락이 왔다는 것도 어쩐지 인연이라는 생각이 들고요."

"감사합니다! 저도 최선을 다해 협력할게요. 잘 부탁드려요."

다마루가 다쓰노의 집을 방문하고 있을 때, 사토자키는 니시무라와 함께 일시 보호소로 가서 요코와 캐치볼을 하고 있었다.

222

사토자키도 꽤 익숙해졌는지 요코가 던지는 공의 속도가 꽤 빨라져 있었다.

"괜찮으세요? 사토자키 선생님. 조금 천천히 던질까요?"

"괜찮아. 이제 좀 익숙해졌어. 조금씩 스피드 올려도 돼."

"요코, 사토자키 씨도 저렇게 말하니까 최대 속력으로 던지는 게 어때? 눈치 보지 말고. 연습이 되려면 있는 힘껏 던져야지. 사토자키 씨가 어떻게 되는지도 보고 싶고."

"니시무라 씨, 자기가 공 받는 거 아니라고 그렇게 함부로 말하면 어떻게 해요! 보기보다 힘들다고요!"

"사토자키 씨가 이제 익숙해졌다고 하셨잖아요! 거짓말이었어요?"

"아니, 이제 좀 나아지긴 했는데, 최고 속도는 좀 어렵지."

"후웅, 뭔가 까다롭네요, 사토자키 씨는."

요코는 니시무라와 사토자키가 나누는 대화를 재미있다는 듯이 바라보았다. 그리고 사토자키와 캐치볼을 하면서 이야기 나누는 것도 즐겼다.

"사토자키 선생님 결혼하셨어요?"

"아직 독신이야."

"정말요? 다정해서 인기 많으실 거 같은데."

"그렇게 말해 주는 사람은 요코뿐인데."

"그럴 리가요."

"진짜야. 주위에 있는 여자들은 다들 무섭다고."

"다마루 선생님도, 니시무라 선생님도 친절하고 멋지잖아요."

"요코가 몰라서 그래. 그 두 사람이 얼마나 무서운지."

사토자키의 말에 니시무라가 바로 반응했다.

"사토자키 씨, 못 들은 척하려고 했더니 못 하겠네요. 사람을 앞에 두고 어떻게 그런 말을 해요!"

"저 봐, 저 봐. 요코, 지금 하는 거 봤지? 무섭잖아."

요코는 둘의 대화를 재미있다는 듯이 들으면서 캐치볼을 계속했다.

"그런데 사토자키 선생님은 어렸을 때요, 아버지나 어머니하고의 추억이 있어요?"

"음, 뭐가 있을까. 대단한 건 아니지만 굳이 말하자면, 어머니가 매일 밤 그림책을 읽어 주신 거. 다양한 책을 읽어 주시는 게 좋았어. 무슨 이야기가 나올까 두근두근했던 게 기억나. 아버지는 자주 같이 장수풍뎅이를 잡으러 가 주셨던 게 기억이 나네."

"우와! 그림책을 읽어 주셨어요? 좋았겠다. 엄마가 그림책을 읽어 주면 기쁘겠죠? 마음이 편해져서 푹 잘 수 있을 것 같아요. 부럽다. 저는 부모님이 책을 읽어 주신 적이 없거든요. 좋았겠다. 어? 사토자키 선생님, 왜 그러세요?"

"아, 아니, 아무것도 아니야. 잠깐 멍해져서. 미안, 미안."

사토자키는 소프트볼을 받아 든 채로 잠깐 굳어 있었다. 요코가 어떻게 자란 줄 알면서도 생각 없이 부모님과의 행복했던 기억을 이야기했던 자신을 용서할 수 없었다. 요코에게는 부모와 자녀가 평범하게 공유해야 할 따뜻한 시간이 없었다. 그 사실을 충분히 알고 있었으면서도 요코의 마음은 생각지도 않고 주절주절 자신의 가정 이야기를 했던 자신이 참으로 차가운 인간처럼 느껴져 부끄러웠다. 요코를 슬프게 만든 건 아닐까? 그렇게 생각하니 가슴이 답답하고 괴로워졌다.

얼핏 요코의 얼굴을 봤더니 요코는 여전히 기쁜 얼굴로 사토자키에게 공을 힘차게 던지고 있었다. 요코가 던져 주는 힘찬 공이 '쓸데없는 생각은 하지 말고 즐겨! 나는 지금 아주 즐거워!'라고 사토자키에게 말을 건네는 것 같았다. 확실히 요코의 지금까지의 인생은 매우 괴로웠을 것이다. 하지만 지금 요코는 절망하고 있을까? 그렇지 않다. 요코는 지금 미래를 향해 나아가려고 하고 있다. 자기 발로 자기 인생을 개척하려고 하고 있다. 그런 요코에게 지금 자신이 품은 싸구려 동정은 정말 무례하기 짝이 없는 게 아닐까. 사토자키는 눈앞에 있는 요코와의 캐치볼을 온 힘을 다해 즐기기로 마음먹었다.

"좋아, 요코! 있는 힘껏 던지라고! 확실히 받아 줄 테니까! 자, 던져!"

"정말요? 어떻게 돼도 몰라요. 그럼 힘껏 던집니다."

요코는 오른쪽 팔을 힘껏 치켜들더니 엄청난 힘으로 공을 사토자키의 글러브를 향해 던졌다.

"아얏! 역시 엄청나네. 손바닥이 얼얼해."

"괜찮으세요? 죄송해요. 진짜 있는 힘껏 던져 버렸어요."

"괜찮아, 괜찮아. 요코, 신경 쓰지 말고 계속 그렇게 가자!"

"아니 그건 니시무라 씨가 할 말이 아니라니까요! 그래 요코,
계속 힘껏 던져. 제대로 받아 줄 테니까."

"네!"

사토자키는 공을 요코에게 다시 던질 때마다 마음속으로 '힘
내! 힘내!' 하고 마음을 담아 던졌다. 행복해지길. 사토자키는 마
음을 다해 그렇게 빌었다.

6시가 지나서 다마루가 사무소로 돌아왔다.

사토자키와 니시무라가 거의 동시에 다마루에게 말을 걸었다.

"어떻게 됐어요?"

"어떻게 됐어?"

다마루는 싱긋 웃으며 크게 고개를 끄덕였다.

"OK 해 주셨어요. 꼭 맡아 주시겠다고."

"정말요? 잘됐네요!"

니시무라의 표정이 환해졌다.

"요코한테 말해서 하루빨리 면회할 수 있도록 할게요."

다마루의 목소리에 힘이 넘쳤다.

"내가 도울 일 있으면 언제든지 말해."

"너는 제대로 캐치볼 상대가 돼 주라고, 알았지?"

"그건 지금도 하고 있지! 다행이다. 정말 다행이다."

사무실 안이 밝은 분위기로 가득 찼을 때, 다마루 자리의 전화가 울렸다.

"네, 중앙 어린이 가정 센터의 다마루입니다. 네, 네……."

다마루의 표정이 순식간에 험악해졌다.

"무슨 일이에요?"

불안을 느낀 니시무라가 다마루에게 다가왔다.

"가와사키 형사님한테서 온 전화예요. 압수한 콘돔에서 계부하고 요코의 DNA가 검출됐대요. 계부는 아무 짓도 안 했다는 주장에서 강간이 아니라 동의에 의한 성관계라고 주장을 바꿨대요."

"역시나……."

니시무라가 입술을 깨물었다.

"요코가 꼬셔서 어쩔 수 없이 응했다고 하나 봐요. 지금까지는 요코를 생각해서 아무 짓도 안 했다고 거짓말을 한 것뿐이라고 주장한대요."

평온하던 사무실의 분위기가 일변했다.

"뭐 그런 자식이 다 있어! 천벌받을 놈! 말도 안 되는 소리를 잘도 지껄이네!"

사토자키는 상상할 수 없을 정도로 비겁한 계부의 모습에 격노했다.

"예상은 했지만……. 검사가 가와사키 형사님한테 검찰 측 증인으로 법정에 나와야 할 필요가 있으니까 준비하라고 했대요."

"누가 법정에 나가나요?"

니시무라가 걱정스럽게 물었다.

"우선은 제가 나가겠지만, 상황에 따라서는 요코가 법정에 나가지 않으면 안 될 수도 있다고 하네요."

"아니, 어떻게 그런! 요코한테 너무 부담이 크잖아! 계부가 거짓말하는 게 명백한데!"

사토자키가 소리를 질렀다.

"그걸 누가 몰라? 하지만 사법 현장에서 흑백을 구분한다는 게 이런 거라고. 요코한테는 나랑 니시무라 씨가 이미 몇 번이나 이런 사태가 생길지도 모른다고 설명했어. 요코는 아마 각오하고 있을 거야. 그래도 이전 어느 때보다 전력으로 요코를 도와야지. 니시무라 씨, 사토미 씨 호적등본은 도착했어요?"

"아직이요."

"그럼 도착하면 바로 알려 줘요. 어머니하고 사토미 씨가 혼인신고를 했다면, 요코는 사토미 씨의 양자로 들어가 있을 테니까, 양자 결연 해소를 변호사한테 의뢰해야 해요."

"어머니 친권은 어떻게 할까요?"

"그건 요코한테 물어보고 정해야죠. 재판에 대비해서 일시 보호 중 요코의 생활 태도에 대해서 상세하게 정리하도록 일시 보호과에 다시 한번 말해 줘요. 그리고 저번에 한 발달 검사 결과도 잘 정리해 두세요."

"알겠습니다."

"다마루, 내가 할 일은 없어?"

"사토자키는 캐치볼을 해야지."

"아니, 그건 아는데……."

"요코는 너를 아버지 같이 느끼는 것 같아. 면담 때 항상 너랑 한 캐치볼 이야기를 얼마나 신나서 한다고. 아버지를 모르는 요코에게 있어서 너와의 캐치볼 시간은 아주 귀중한 시간이라는 걸 느꼈어."

"그렇구나. 알았어. 최선을 다할게."

"그럼 나는 지금부터 요코한테 위탁 부모님이 돼 주실 다쓰노 씨에 대해서 얘기하고 올게요. 다들 각자 맡은 일이 쌓여 있어서 힘드시겠지만 조금만 더 도와주세요!"

사무실에 있던 모두가 다마루를 보고 힘차게 고개를 끄덕였다. 요코를 지키기 위해 모두가 할 수 있는 것은 뭐든 하겠다고 생각했다.

다마루는 일시 보호소의 면담실에서 요코와 천천히 이야기를 나누기로 마음먹었다.

"안녕? 몸은 좀 어때? 뭐 힘든 일은 없어?"

"괜찮아요. 여기 계신 선생님들 다 친절하시고, 작은 아이들도 엄청 귀엽고요. 게다가 사토자키 선생님이 캐치볼도 해 주시고요. 이렇게 마음 편하게 생활하는 거 처음이에요."

"그래. 사토자키는 실력이 좀 늘었어? 별로 도움이 안되지?"

"아니에요. 사토자키 선생님은 뭔가 좀 신기한 분이에요. 캐치볼을 같이 하고 있으면 정말 마음이 편해져요. 뭐랄까 다정한 성격이 막 밖으로 배어 나온다고 해야 하나?"

"그러네. 사토자키는 정말 다정한 사람이지. 정의감도 강하고, 바보같이 솔직하고."

"하하하하……. 진짜 그러네요. 하지만 사토자키 선생님 같은 분이 아빠라면 정말 즐거울 텐데 하고 생각해요."

"그러려나? 사토자키 인기 많네."

"네."

요코는 아주 밝은 웃음을 지었다.

"그럼, 사토자키한테 캐치볼 열심히 하라고 전해 둘게. 그리고……. 요코, 나, 오늘은 얘기해야 할 게 있어서 왔어. 지금 괜찮을까?"

"괜찮아요."

"얼마 전에 이야기한 위탁 가정에 대한 건데, 잘 맞을 것 같은 분을 찾았어. 그분 집이 시로니시 고등학교에서 자전거로 20분 정도니까 학교 다니기 편할 거고, 최근에 남편분이 돌아가셔서 여자분 혼자 살고 계시고. 요코가 신경을 많이 안 써도 되지 않을까 싶어서. 괜찮으면 한번 만나 보지 않을래?"

"네, 감사해요. 그분은 엄격한 분이신가요, 아니면 너그러운 분이신가요?"

"엄청 따뜻하신 분이야. 요코라면 분명히 마음이 잘 맞을 거야. 나하고도 정말 사이가 좋으니까."

"다마루 선생님하고 사이가 좋으신 분이라면 분명 좋은 분일 것 같아 마음이 놓이네요. 언제 만나요? 내일? 아니면 모레?"

"그렇게 빨리 진행해도 괜찮아? 마음의 준비는 필요 없어?"

"네. 학교에 빨리 가고 싶어요."

"아, 그렇지. 맞다. 그것도 그렇네. 그럼 바로 위탁 가정에 전화해서 될 수 있는 한 빨리 만날 수 있도록 해 볼게. 다쓰노 씨라는 분인데, 나이는 59세시고. 세세한 건 따지지 않는 마음이 넓고 따뜻한 분이니까 걱정하지 말고."

"네."

"그리고 한 가지 더. 어머니에 관한 건데, 앞으로 요코의 생활을 어떻게 만들어 나갈까를 생각하는 데 있어서 어머니와 어떤 식으로 관계를 맺을 것인지가 정말 중요하거든. 요코가 어머니에 대해서 어떻게 생각하는지를 솔직하게 말해 주면 좋겠어."

"얼마 전에 다마루 선생님하고 니시무라 선생님하고 엄마에 대해서 이야기했었잖아요. 그 이후로 계속 생각해 봤어요. 저한 테 엄마는 어떤 사람일까 하고요. 그런데 아무리 생각해도 즐거 웠던 기억이 하나도 없어요. 무서운 얼굴로 소리 지르면서 때린 건 잊고 싶어도 잊히지 않고요."

"그래."

"요즘도 엄마의 무서운 얼굴이 꿈에 나와서 놀라 깰 때가 있는 데, 그때 즐거웠지 하는 기억이 정말 하나도 없어요. 집에 돌아가 는 건 무섭고 싫었지만, 집 외에는 갈 곳이 없으니까 어쩔 수 없이 갔다는 게 솔직한 심정이에요. 친구 집에 놀러 가면 친절한 어머 니가 계셔서 항상 부럽고, 그럼 또 가기 싫어지고……."

"내가 너무 괴로운 부탁을 했네."

"아뇨, 안 그래요. 다마루 선생님이 보호 절차를 진행해 주셔 서, 여기로 와서 며칠 지냈잖아요. 그동안 아무도 저한테 소리 지르지 않고 다들 친절하게 대해 주셨어요. 집에 안 가면 이렇게 평화롭게 살 수 있다고 생각하니까 너무 기뻐요."

"정말? 그래도 집단생활이니까 불편한 점이 많지?"

"괜찮아요. 그것보다 저, 깨달은 게 있어요. 엄마에 대해서 그 립다거나, 보고 싶다거나 하는 감정이 전혀 없다는 걸. 엄마랑 같이 있지 않으면 평화롭다는 걸. 지금까지는 돌아갈 곳이 집밖 에 없었지만, 지금은 다르다. 집 이외에 다른 돌아갈 곳을 다마루 선생님이 만들어 줄 거다. 그렇다면 어째서 엄마랑 같이 살아야 하지? 하고요."

"그 말은 어머니랑은 거리를 두고 싶다는 걸까?"

"거리를 두고 싶다기보다는, 이제 만나고 싶지 않아요. 앞으로도 쭉."

"아이고, 지금 거기까지 확실히 정하지 않아도 괜찮아. 어쨌거나 당분간은 안 만나도 되도록 할 수 있으니까. 지금 요코의 마음은 어머니하고 만나고 싶지 않고, 집에도 돌아가고 싶지 않다는 거지?"

"네."

"알았어. 그럼 어머니께는 요코의 마음이 어떤지 제대로 전달할게. 내일이 어머니 아르바이트 쉬시는 날이지? 가서 잘 말씀드릴게. 그리고 요코는 위탁 부모님을 만나서 마음이 잘 맞을 것 같으면 한동안 같이 생활하기로 하고. 그래서 혹시 요코가 위탁 부모님과의 생활이 즐겁다고 생각되면 그대로 계속 지낼 수 있도록 할 생각인데, 어때?"

"네, 좋아요."

"좋아, 그럼 새로운 생활을 향해서 힘내자."

다음 날, 다마루는 니시무라와 함께 요코의 어머니를 만나러 갔다.

"오늘은 어머니 의향을 확인하는 거죠?"

니시무라가 긴장한 얼굴로 다마루에게 확인했다.

"네. 위탁 가정 보호에 동의하는지 확인하려고요."

"그래서 어머니는 어떤 반응을 할 거라고 예상하세요?"

"모르겠어요. 그렇지만 왠지 동의 안 하실 거 같은 느낌이 들어요."

"그럼 요코에 대한 애정이 있다고 생각하시는 거예요?"

"아니요, 그런 건 아닐 거 같고, 그냥 동의를 안 할 거 같은 느낌이에요."

"저도 다마루 씨하고 같은 의견이에요. 그 어머니가 동의할 거 같지 않아요."

30분 정도 걸려서 차는 요코의 집 앞에 도착했다.

"안녕하세요?"

"네에, 누구?"

"얼마 전 만나 뵈었던 다마루라고 합니다."

의아한 얼굴로 요코의 어머니가 문을 열었다.

"대체 무슨 일이에요?"

다마루의 예상과 다르게 어머니는 공격적인 반응은 하지 않았다. 아무래도 계부와 함께 있지 않으면 그렇게 흥분하지 않는 것 같았다.

"요코의 학용품이나 의류 같은 생활에 필요한 물건을 가지러

왔습니다. 그리고 요코의 앞으로의 생활에 대해서도 말씀드릴
게 있어서요. 잠시 이야기 나누실 수 있을까요?"

"잠시뿐이에요."

요코의 어머니는 두 사람을 현관 옆 주방으로 안내했다. 주방
은 예상대로 어수선하고 갈 곳을 잃은 각종 조미료가 이쪽저쪽
으로 방치된 상황이었다. 며칠이나 닦지 않은 듯한 칙칙한 테이
블을 사이에 두고 다마루와 니시무라는 어머니를 마주 보고 앉
았다.

"그래서 무슨 이야기예요?"

"그 전에 요코가 쓰던 물건 먼저 챙겨도 될까요?"

"옆방 책상 주변에 있어요. 옷은 책상 옆 장롱에 있고요."

"그럼 잠깐 실례하겠습니다."

요코의 물건과 옷은 여자 고등학생의 것이라고 하기에는 놀
랄 정도로 적었다. 최소한의 물건 이외에는 사 주지 않은 것 같
았다. 상자 4개와 종이가방 2개에 모든 물건이 들어갔다. 요코의
소박한 생활이 엿보였다.

"감사합니다. 먼저 짐을 차에 싣고 오겠습니다."

다마루와 니시무라가 짐을 차에 싣고 돌아오니 어머니는 멍
한 표정으로 기다리고 있었다.

"자, 그래서 무슨 이야기 하러 왔어요? 당신들 때문에 남편이
체포되고, 우리 집은 엉망진창이라고요."

다마루는 어머니의 눈을 똑바로 응시하면서 이야기를 시작했다.

"어머니께서는 남편분이 처음 하셨던 주장을 바꾸신 건 아시죠? 아무 짓도 하지 않았다는 주장에서 요코가 꼬셔서 어쩔 수 없이 성관계를 했다고 주장을 바꾸셨는데, 그걸 듣고 마음이 바뀌지는 않으셨나요?"

어머니는 미간을 찌푸리며, 분노와 분함, 슬픔이 뒤섞인 듯한 복잡한 표정을 지은 채 입을 다물고 있었다. 다마루는 계속 말을 이었다.

"뭐가 진실인지는 둘째 치고, 남편분은 어머니의 딸과 성관계를 가졌어요. 이혼을 생각하고 계시지는 않으신가요?"

어머니는 쥐어짠 듯한 작은 목소리로 중얼거렸다.

"……안 해……."

"네? 지금 뭐라고 하셨어요?"

"안 한다고 했어요! 그 사람하고 이혼 안 한다고!"

이번에는 큰 소리와 함께 단숨에 무심한 말이 공기를 갈랐다. 참지 못하고 니시무라가 입을 열었다.

"어째서요? 어머니, 지금 상황이 이해가 안 가세요? 남편분이 어머니의 친딸이랑 관계를 맺었다고요. 왜 이혼을 안 하려고 하세요?"

니시무라의 목소리는 평소와 다르게 조금 격앙되어 있었다.

"당신들이 뭘 알아! 아무것도 모르면서, 자기들만 잘났지! 가르치려 들지 말라고! 나한테는 그 사람이 필요해! 그 사람 없이는 못 살아!"

다마루는 감정을 억누르며 매우 침착하게 어머니에게 물었다.

"요코는 어떻게 하실 건가요?"

"생활이 어려워 가게에서 싫은 손님들을 상대로 매일 밤늦게까지 일하던 나를 구해 준 사람은 그 사람이야. 가게 옆에 있던 건설회사에서 일하던 그 사람이, 이런 가게는 그만두고 결혼하자고 말해 줬다고! 내가 얼마나 고생하면서 살아왔는지 당신들 같은 공무원이 알 리가 있나!"

"그렇지만 지금은 요코에 대해서 생각해 주시면 안 되나요?"

"난 말야, 주위 사람들한테 멸시받고, 항상 주눅이 들어서 진흙 속을 기어다니는 듯한 마음으로 살아왔어! 그 사람은 그런 생활을 끝내 줬다고. 편안하게 살아온 당신 같은 사람들은 절대 모를 거야!"

어머니는 미친 듯이 울면서 마음속에 쌓였던 울분을 다마루에게 쏟아냈다.

"정말 고생 많으셨네요. 말씀하신 대로 저는 어머니의 괴로움이나 힘듦을 모를지도 몰라요. 어머니께는 남편분이 그 무엇과도 바꿀 수 없는 존재인 거겠죠. 그건 알겠습니다. 하지만 요코의 입장에서 조금만 생각해 봐 주세요."

"그런 여유가 어딨어!"

"남편분이랑 이혼하지 않는 어머니를 보고 요코는 또다시 마음의 상처를 입지 않겠어요? 요코한테는 당신이 세상에서 단 하나뿐인 어머니라고요. 분명히 어머니를 믿고 있을 거예요. 그 마음에 답해 주지 않으시겠어요?"

다마루는 조용히 어머니에게 말했다. 어머니는 단 한마디, 요코 미안해, 라고 외치고는 테이블에 엎드려 오열했다. 다마루와 니시무라는 가만히 어머니를 바라보았다. 잠시 후, 어머니는 천천히 얼굴을 들어 올리더니 작은 소리로 말했다.

"다마루 씨라고 했죠? 그쪽이 하는 말이 맞아요. 하지만……, 하지만 나는 역시 그 사람하고 헤어질 수 없어요. 그건 절대로 못 해. 절대 못 해요."

다마루와 니시무라는 어머니의 마음이 바뀔 일은 없다고 판단했다.

"알겠습니다. 그러면 요코는 돌려보낼 수 없겠네요. 요코는 남편분과 같이 사는 건 절대로 싫다고 말했거든요. 이건 위탁 가정에 요코를 위탁하기 위한 동의서예요. 사인해 주시겠어요?"

다마루가 동의서를 어머니 앞으로 내밀었다.

"시, 싫어! 그 애는 내가 낳은 아이야! 돌려줘! 위탁 가정이라니 절대 안 돼! 집으로 돌려보내라고!"

"어머니, 말도 안 되는 소리 하지 마세요. 어머니도 아시잖아요. 지금 같은 상황에서 요코를 돌려보낼 수 없다는 거."

"아무튼 안 돼! 요코를 아무 데도 보내지 마! 돌려보내 줘, 제발 부탁이야."

"그럼 남편과는 헤어지실 건가요?"

"그건 못 한다고 했잖아!"

"그러면 요코는 돌려보낼 수 없어요. 동의서에 사인해 주세요."

"싫어! 절대로 사인 안 할 거야!"

"알겠습니다. 그러면 아동 복지법 제28조에 따라 위탁 가정 승인 신청을 가정재판소에 건의하겠습니다. 혹시 마음이 바뀌면 전화 주세요. 그럼 이만 실례하겠습니다."

다마루는 어머니에게 그렇게 전하고 차로 향했다. 둘의 등 뒤로 어머니의 비명 같은 욕설이 쏟아졌다.

"대체! 어째서 이혼을 안 한다는 걸까요? 자기 딸을 강간한 남잔데!"

니시무라는 분노를 넘어 조금은 질렸다는 듯이 다마루에게 말했다.

"저 사람은 어머니 이전에 여자인 거야. 여자를 선택한 거야. 요코에 대해서도 딸이라는 생각과 사랑하는 남자랑 잔 여자라는 생각에 복잡한 심경이지 않으려나."

"이해하기 어렵네요."

"논리적이지는 않지만, 남편도 딸도 양쪽 다 놓치고 싶지 않다는, 정리되지 않는 감정의 굴레에서 도망치지 못하고 몸부림치고 있는 것은 아닐까?"

"저는 요코의 어머니로 있어 주기를 바랐어요."

"그 정도로 저 어머니도 괴로운 인생을 짊어지고 살아왔다는 거겠지. 이성적인 사고를 할 수 있을 정도로 사랑받고 자라지 못한 게 아닐까."

"28조 진행은 제가 할까요? 다마루 씨는 지금 여유가 없죠?"

"고마워요. 저는 다른 건으로 28조 진행 중이어서 솔직히 하기 힘든 상황이에요. 그래도 28조에 특출난 녀석이 있으니까."

다마루가 활짝 웃으며 니시무라의 얼굴을 봤다. 니시무라는 바로 그 의미를 이해했다.

"사토자키 씨 말씀하시는 거죠? 확실히 적임자네요."

"그리고 아직 나중 일이기는 하지만 검찰 측 증인으로 재판소에서 증언하게 될 테니까, 지사 쪽에 수비 의무 해소 신청하는 것 좀 기억해 줘요. 나는 정신이 없어서 잊어버릴 거 같아요."

"지방공무원법 제34조 제2항 말씀이죠? 증인으로 출석하는 날이 정해지면 바로 지사 결재를 받을 수 있도록 본청에 연락해 둘게요."

다마루와 니시무라가 어머니를 만나고 있는 동안, 사토자키는 미도리카와와 같이 바쁜 틈을 타서 요코와 캐치볼을 했다. 요코는 사토자키의 글러브를 향해 전력으로 공을 계속 던졌다. 공이 글러브를 울렸다. 피싯하는 마른 소리가 안뜰에 울려 퍼졌다. 30분쯤 캐치볼을 한 뒤, 사토자키는 요코와 미도리카와를 잔디밭으로 데리고 갔다. 푸른 잔디밭에 세 사람은 무릎을 안고 앉았다. 풀과 흙 향기가 올라왔다.

"어쩐지 소풍 온 거 같아요."

요코가 기쁜 듯이 말했다.

"그러네. 도시락이나 샌드위치가 있으면 좋을 텐데."

"미도리카와 씨는 먹는 걸 진짜 좋아하네요. 어디 어디에서 파는 무슨 과자가 정말 맛있다는 얘기만 맨날 하잖아요."

"무슨 그런 실례의 말씀을! 그런 얘기만 맨날 하다니요! 사토자키 씨, 숙녀한테 그런 말 하는 거 아니에요!"

"수, 숙녀라니."

"그 반응은 뭐예요! 불만 있어요?"

"아니, 별로."

"아, 진짜 너무하시네. 그나저나 무슨 일이에요? 잔디밭에 앉자고 하고."

"아, 그냥 요코하고 잠깐 이야기하고 싶어서."

"저하고요? 무슨 얘기요?"

요코는 궁금하다는 듯이 사토자키에게 물었다.

"그렇게 집중해서 들으면 민망한데. 특별하게 하고 싶은 말이 있는 게 아니라, 그, 뭐라고 해야 하나, 그……."

"사토자키 씨, 제대로 말해요. 요코가 곤란해 하잖아요."

"아니, 그러니까, 뭐, 저기……, 열심히 잘해 보자는 얘기지."

"어휴, 그게 뭐예요? 어떻게 어른이 되셨어요?"

"그러니까, 여러 가지 괴로운 일이 있을지도 모르지만 힘내자, 그런 말을 하고 싶었던 거지."

"네, 힘낼게요. 감사합니다."

"말로 표현을 잘하지 못하겠는데, 사람은 혼자서는 아무것도 못 하잖아. 나도 마찬가지야. 여기서 일할 때도 모두가 도와줘서 겨우 어떻게든 일이 되거든. 다들 부모도 형제도 아니지만 정말 친절하고 다정하고 신뢰할 수 있는 사람들이야."

요코는 가만히 사토자키의 얼굴을 바라보았다.

"부모자식이라거나 형제자매같이 피가 이어진 사이도 중요하 겠지만, 피가 이어지지 않았더라도 진짜 부모자식이나 형제자 매 이상으로 깊이 이어진 사이도 있다고 생각해. 나도 여기서 일 하기 시작하면서 정말 그렇게 생각하게 됐어."

"왠지 알 것 같아요."

요코는 글로브를 쳐다보며 작게 고개를 끄덕였다.

"중요한 것은, 정말로 자신을 소중하게 생각해 주고 신뢰해 주 는 사람을 만나는 거라고 생각해. 그런 사람을 만난다면 누구에 게도 열등감을 느끼지 않고 가슴을 펴고 살아갈 수 있어. 난 그렇게 생각해."

"나도 그런 사람을 만날 수 있을까? 나를 소중하게 생각해 주고 신뢰해 주는 사람……."

요코는 조금 불안한 듯 말했다.

"우리는 요코와 함께야. 요코는 결코 혼자가 아니야. 다들 요코가 멋진 아이라고 생각해. 그러니까 자신감 있게 살아도 돼. 요코는 지금 여기에 이렇게 살아 있는 것만으로도 충분히 훌륭해. 분명 앞으로는 멋진 인생이 기다리고 있을 거야. 난 그렇게 믿어."

요코의 표정이 확 밝아졌다.

"감사합니다. 여기 선생님들이 저랑 함께해 주시는 거네요. 정말 감사해요. 저……, 저, 힘낼게요."

미도리카와가 가만히 요코에게 손수건을 건넸다. 그리고 요코의 손을 꼭 잡았다. 꼭 잡은 요코와 미도리카와의 손 사이로 뜨거운 온기가 녹아들었다.

요코를 일시 보호소에 데려다준 후, 미도리카와가 사토자키의 어깨를 두드리며 말했다.

"잠깐, 사토자키 씨 다시 봤어요. 좋은 말도 할 줄 아네요."

"뭐예요, 미도리카와 씨는 군이 그렇게 안 해도 될 말을 한다니까. 그래도 요코가 정말 행복해졌으면 좋겠어요."

"그러게요. 다들 그렇게 생각하고 있어요. 분명히 괜찮을 거예요, 요코는."

두 사람이 사무실에 도착했을 때 다마루와 니시무라도 돌아왔다. 사토자키는 다마루에게 달려갔다.

"다마루, 어떻게 됐어?"

"안 좋아. 어머니는 계부하고 안 헤어진다고 하고, 위탁 가정 위탁에도 동의를 안 해."

"뭐야 그게! 그럼 28조야?"

"이해가 빠른데! 그래서 28조 신청용 보고서는 사토자키가 만들어 줬으면 좋겠어. 너 서류 작성 잘하잖아."

"잘한다고……."

"뭐? 너 설마 싫은 거야? 뭐든지 하겠다고 했잖아."

"씁니다. 써요. 당연히 써야죠."

"그렇지이? 그럼 잘 부탁해."

사토자키는 빠르게 요코의 케이스 파일을 숙독하면서 보고서를 능숙하게 만들어 갔다.

한편, 다마루는 위탁 부모인 다쓰노에게 전화를 걸어 내일 면담실에서 요코와 처음 만나기로 약속했다. 전화를 끊고 시약소에서 갓 도착한 계부의 호적등본을 체크했다. 계부와 어머니는 혼인 신고를 한 상태로, 요코는 계부의 양자로 들어가 있었다. 다마루는 그것을 확인하자마자 양자 결연 해소를 변호사에게 위탁하는 데 필요한 보고서를 만들기 시작했다.

244

요코와 위탁 가정 사이의 조정, 위탁 부모 승인을 받기 위해 가정재판소로 보낼 신청서 작성, 그리고 계부와 요코의 양자 결연 해소에 대한 절차를 변호사에게 위탁하는 일까지 동시에 진행하지 않으면 안 된다. 게다가 재판에서 검찰 측 증인으로 법정에 서야 하는 다마루는, 앞으로 검사와 몇 번이나 회의도 해야 한다. 또한 법정에는 자료를 들고 가는 것이 허락되지 않기 때문에 사례의 상세한 내용까지 기억해야 할 필요가 있었다. 그런데 그사이에 다른 사례의 면담, 가정으로 인계한 학대 사례의 가정 방문도 해야 했다.

다양한 사례를 동시에 취급하고, 사례 별로 대응을 검토하면서 움직이는 것이 아동 상담소의 케이스워커나 아동 심리사의 업무 특징이다. 이들은 언제 끝이 날지 알 수 없는 사례와 진지하게 마주하며, 몸이 몇 개 있어도 모자란 상태로 분투하고 있다. 절망적인 상황에서 그들을 움직이게 만드는 힘은 어린이와 가족을 지켜야 한다는 사명감이다.

다음 날 다마루는 아침부터 요코를 데리고 면담실로 향했다.

"실례하겠습니다."

문을 열자 위탁 부모인 다쓰노가 부드러운 웃음을 지으며 앉아 있었다.

"오래 기다리셨죠? 이쪽이 사토미 요코고요. 요코, 위탁 부모님 다쓰노 씨야."

"아, 안녕하세요? 저, 저는, 사토미 요코라고 합니다."

"안녕? 요코. 나는 다쓰노 타에라고 해요. 잘 부탁해요."

"저야말로 잘 부탁드려요."

"요코, 그렇게 긴장 안 해도 괜찮아. 다쓰노 씨는 보이는 것처럼 정말 다정한 분이셔. 궁금한 게 있으면 뭐든지 물어봐."

"그래, 다마루 씨 말대로 뭐든지 물어봐. 걱정되는 게 많을 테니까. 사소한 거라도 괜찮아."

"그, 그럼⋯⋯. 저기, 저는, 학교에 도시락을 싸 가는데, 주방을 써도 괜찮을까요?"

"어머나, 요코는 스스로 도시락을 싸 가는 거야? 대단하네. 당연히 눈치 볼 필요 없이 써도 되지. 그래도 가끔은 나한테 맡겨 주면 기쁠 것 같은데. 호호호호⋯⋯."

"네? 제 도시락을 만들어 주신다고요? 정말요? 진짜 그래도 되나요?"

"당연하지. 나 도시락 만드는 거 좋아해. 같이 만들어도 재미있을 것 같네. 아무튼 내 집이라 생각하고 뭐든 편하게 써도 돼."

"다행이다. 감사합니다! 그리고 샤워는 아무 때나 해도 될까요? 저는 소프트볼을 하는데요, 연습이 끝난 후에는 바로 샤워하고 싶어서요."

"그럼! 요코가 하고 싶을 때 샤워하도록 해."

"감사합니다! 마지막으로 하나 더. 텔레비전을 봐도 될까요?

어쩌면 보고 싶은 드라마가 있을지도 몰라서……."

"거실에서 나하고 같이 봐도 좋고, 혼자서 보고 싶을 때는 요코 방에도 텔레비전이 있으니까 언제라도 보고 싶을 때 자유롭게 봐도 돼."

"제 방에도 텔레비전이 있어요? 우와아!"

"그것 외에 또 뭔가 궁금한 게 있을까?"

"아뇨, 이제 없어요. 충분해요."

"그래? 또 생각나는 게 있으면 뭐든지 말해 줘. 요코는 스스로 도시락을 만들 정도니까 요리는 좋아하겠네. 나는 과자 만드는 걸 좋아하는데 같이 만들어 볼래?"

"네! 해 보고 싶어요! 가르쳐 주세요."

"그래. 다마루 씨가 말했던 대로 정말 멋진 아이네. 같이 사는 게 정말 기다려진다. 오늘부터라도 같이 지내고 싶은데."

"저도 그러고 싶어요."

다쓰노는 소리를 높여 웃었다. 요코는 조금 부끄러운 듯이 살짝 웃으며 다마루의 얼굴을 봤다. 아주 좋은 분위기였다. 다쓰노의 평온하고 주위를 감싸는 듯한 다정함이 요코에게 전해진 모양이었다. 점점 마음을 여는 두 사람을 보고 다마루는 일단 안심했다. 앞으로 이런저런 일이 있겠지만, 이 두 사람이라면 적절하게 잘 맞춰 가면서 살아갈 거라는 생각이 들었다. 다마루는 빙긋이 웃으며 두 사람의 대화를 바라보았다.

순식간에 한 시간이 지났다.

"그럼 오늘은 이쯤에서 슬슬 정리할까요? 요코는 어떻게 할지 내일까지 잘 생각해 봐."

"무슨 생각이요?"

"다쓰노 씨 댁으로 갈지 안 갈지를 생각해야지."

"이미 정했는데요."

"그래 보이긴 한데, 그래도 일단은 진정하고 생각해 봐. 중요한 일이니까, 천천히, 알았지?"

"네!"

"그럼, 다쓰노 씨, 다시 연락드릴게요. 오늘 와 주셔서 감사합니다."

"네, 잘 부탁해요. 그럼 요코, 또 보자."

"네, 감사합니다."

두 사람은 다쓰노를 현관까지 배웅하고, 일시 보호소로 향했다.

"어땠어? 다쓰노 씨 인상은?"

"엄청 다정하신 분 같아요. 제 이야기를 빙긋이 웃으시면서 잘 들어 주시고, 정말 같이 이야기하는 것도 재미있었고 기뻤어요. 저분이랑 같이 지내면 마음 편하게 지낼 수 있을 것 같아요. 정말 저분 집에서 꼭 같이 살고 싶다고 생각했어요."

"그래? 잘됐다. 그래도 지금은 학교에 가고 싶다는 생각이 강해서 조금 흥분했을 수도 있어. 그러니까 진정하고 다시 한번 생각해 봐. 조금 시간이 지나면 마음에 걸리는 일이 떠오를지도 모르니까."

"알겠어요."

다음 날 아침, 다마루는 요코와 면담을 해서 한 번 더 마음을 확인했다. 요코의 마음은 변함이 없었다. 불안감은커녕 한층 더 빨리 다쓰노의 집에서 함께 살고 싶다는 마음이 강해져 있었다.

다마루는 그날 오후 바로 회의를 열어, 요코의 일시 보호 위탁에 대해서 결재를 받았다. 다쓰노의 상황을 확인한 후, 요코는 이틀 후에 다쓰노 씨 집으로 들어가기로 했다.

다쓰노의 집으로 가는 날, 요코는 출발 전에 한 번 더 사토자키와 캐치볼을 하고 싶다고 했다. 그날 두 사람은 별다른 말없이 캐치볼을 이어갔다. 요코의 힘찬 공이 사토자키의 글러브에 꽂힐 때마다 요코의 결의가 사토자키에게 전해지는 것 같았다. 두 사람은 각자의 뜨거운 마음을 공에 담아 던졌다.

"사토자키 선생님, 이번 공이 마지막이에요."

"음. 좋아, 던져!"

요코는 새로운 한 발을 내딛기 위한 결의를 공에 담아서 사토자키에게 선물했다. 공은 힘차게 날아가 글러브로 빨려 들어갔다. 청명한 소리가 푸른 하늘에 울렸다. 요코는 사토자키에게 꾸벅 고개를 숙이고 다마루에게 달려갔다.

그리고 직원 모두의 배웅 속에 요코는 새로운 인생의 문을 스스로 열어젖혔다. 요코를 배웅한 모든 직원이 요코의 장래에 밝은 빛이 비치기를 간절히 바랐다.

다쓰노의 집으로 향하는 차 안에서 다마루는 요코에게 앞으로의 일에 관해 간단히 설명했다.

"요코, 드디어 내일부터 학교에 다시 다닐 수 있게 됐잖아. 그래서 한 번 정리를 좀 할게. 우선 교장 선생님하고 담임 선생님은 네가 계부한테 맞아서 일시 보호된 걸로 알고 계셔. 성 학대를 당했다는 건 모르시니까 그 얘기는 안 해도 돼. 다음은 학교를 쉬었던 이유 말인데, 독감에 걸렸다가 폐렴까지 걸려서 오래 쉰 거로 돼 있으니까 안심해. 어디에 입원했었는지 누가 물어보면 현립 의대라고 말해. 성 학대에 대해서는 아무도 모르니까 '폐렴이 나아서 등교했습니다' 하는 얼굴로 가면 되고. 지금 말한 내용은 전에 같이 왔었던 카오리라는 친구한테는 내가 설명해 뒀으니까 괜찮아. OK?"

"네. OK."

"그리고 성에 대해서 말인데, 요코는 심정적으로 사토미라는 성은 쓰고 싶지 않겠지? 그런데 그렇다고 원래 성인 사카모토로 바꾸면 주위에서 무슨 일이냐고 캐물을 거야. 그래서 내 생각에는 사토미라는 성 그대로 학교에 다니는 게 좋지 않을까 싶은데, 어때?"

"확실히 그러네요. 사토미라는 성을 쓰는 건 솔직히 정말 싫은

데 그렇다고 성을 사카모토로 바꾸면, 다마루 선생님 말씀대로 귀찮아질 거 같아요. 부모가 이혼했다거나, 이런저런 억측을 부를 것 같네요. 꾹 참고 이대로 사토미로 살아야겠어요. 학교는 내년 한 해만 더 다니면 졸업이니까 그때 바꾸면 되겠네요."

"괴롭겠지만 그쪽이 무난할 거라고 생각해. 그럼, 방금 확인했던 것만 잘 기억해. 평소처럼 학교에 가면 되니까. 이제 거의 도착했어. 저기서 오른쪽으로 꺾으면 바로야."

차는 속도를 줄여 모퉁이를 돌았다.

"도착했어. 여기가 다쓰노 씨 집이야."

"오늘부터 여기서 생활하네요. 왠지 갑자기 긴장돼요."

"괜찮아. 그럼 가 볼까?"

둘은 현관으로 향하는 계단을 올라갔다.

"아, 좋은 냄새가 나요."

"향냄새야. 전에 말했지? 다쓰노 씨 남편분이 최근에 돌아가셨다고."

"잘한 걸까요? 아직 힘드신데 괜히 제가 와서……."

"그건 괜찮다고 몇 번이나 말했잖아. 다쓰노 씨도 요코가 와줬으면 좋겠다고 하셨고. 눈치 볼 필요 없어. 물론 그렇게 다른 사람을 생각하는 마음이 너의 멋진 점이지만."

현관은 열려 있었다. 다마루가 부르자 다쓰노가 웃으며 나타났다.

"요코 왔어? 어서 와. 와 줘서 기쁘다. 자자 얼른 들어와요."

세 사람은 거실에서 잠시 즐겁게 이야기를 나누었다. 다쓰노와 요코가 대화하는 모습을 보고 안심한 다마루는 굳이 오래 머물지 않고, 다쓰노에게 요코를 맡기고 서둘러 사무소로 돌아갔다. 남겨진 요코는 조금 긴장했지만 다쓰노의 친절한 응대에 점점 마음을 놓았다.

"요코는 코코아 좋아해?"

"코코아요? 마셔 본 기억이 없어요. 그래서 좋아하는지 어떤지에 대해 생각해 본 적이 없네요."

"그래? 나는 코코아를 정말 좋아해. 뭐라고 할까, 마시면 행복한 기분이 된다고 할까. 마침 카스텔라도 있는데, 같이 코코아 마실래?"

"네, 마실래요."

"그럼, 만들어 올게."

"저, 같이 가서 봐도 될까요?"

"코코아 만드는 걸 보는 거야?"

"방해가 될까요?"

"아니, 전혀. 그래도 별로 재미없을걸. 호호호호."

다쓰노는 냄비에 소량의 물을 붓고 불을 켜고 코코아를 듬뿍 넣은 후 눌어붙지 않도록 빠르게 거품기로 섞었다. 코코아가 초콜릿 반죽 상태가 되면 조금씩 우유를 추가하면서 휘저었다. 요코는 거품기와 냄비가 연주하는 일정한 리듬이 기분 좋게 느껴졌다. 그 사이 냄비에서는 줄곧 고소하고 달콤한 향기가 피어올라 방 안을 행복한 향기로 채워 갔다. 다쓰노는 끓기 직전에 불을 끄고 사탕수수 설탕을 듬뿍 넣은 후 마지막으로 다시 한번 살짝 저어 주었다. 고급스럽고 윤기가 흐르는 코코아가 냄비 속에서 두 사람의 얼굴을 비추고 있었다.

"우와. 코코아는 이렇게 공들여 만드는 거군요. 처음 봤어요. 어쩐지 정말 맛있어 보여요."

"맛있지 그럼. 거실로 가서 카스텔라하고 같이 먹자. 카스텔라를 먹으면서 코코아를 입에 머금으면, 더 이상 바라는 게 없을 정도로 행복한 기분이 들어."

요코는 다쓰노를 따라서 카스텔라를 입에 넣고 바로 코코아를 마셨다. 카스텔라의 달걀과 버터 풍미가 코코아의 진한 향과 섞여, 깊은 단맛이 입안 가득 퍼졌다.

"맛있다! 엄청 맛있어요!"

"그렇지? 좋다. 이 행복한 기분을 요코와 공유할 수 있어서."

두 사람은 얼굴을 마주 보고 기분 좋게 웃으면서 코코아를 마셨다.

"하아. 코코아를 마시면 나는 몸에 기운이 넘쳐. 잠깐 나가고 싶은 기분인데, 요코는 어디 가고 싶은 데 있어?"

"음, 서점에 가고 싶은데 어떠세요?"

"좋네. 가자, 가자."

서점에 도착하자 요코는 그림책 코너를 보고 싶다고 다쓰노에게 말했다. 요코는 한참 동안 차례차례 그림책을 손에 들고 마음에 드는 책을 찾았다. 그러다 마침내 『호기심 많은 조지』와 『잠꾸러기 수잔』 시리즈에서 2권의 책을 골랐다.

다쓰노는 17살치고는 꽤 어린 나이의 그림책을 고른다고 생각했지만, 잠자코 그 책들을 샀다. 요코는 소중한 보물을 받은 것처럼 눈을 반짝였다.

서점을 나와서 다쓰노는 요코를 홈 센터에 데리고 갔다. 내일부터 등교할 때 탈 자전거를 사기 위해서였다.

"자, 요코. 이제 자전거를 사자. 내일부터 학교에 가야 하니까."

"네? 자전거 사 주시는 거예요?"

"응, 없으면 학교에 못 가잖아."

"저는 걸어서 갈 생각이었어요. 그래서 내일은 아침에 일찍 일어나서 가야 지각하지 않겠다고 생각했어요. 자전거가 있으면 아침에 여유가 있겠네요. 감사합니다."

"그럼, 요코 마음에 드는 걸로 골라 봐. 별로 종류가 없지만."

"제가 골라도 돼요? 우와! 신난다!"

요코는 그다지 많지 않은 자전거 사이를 기쁜 듯 몇 번이나 오가며 조심스럽게 선택했다. 30분쯤 지나 마침내 자전거 한 대를 고른 요코는 다쓰노의 손을 잡아 자전거 앞으로 끌고 갔다.

"이걸로 해도 될까요?"

다쓰노가 살펴보니, 요코는 제일 싼 자전거를 고른 거였다. 다쓰노가 생각했던 대로 항상 자신의 욕구를 억누르며 생활해 온 요코다운 선택이었다. 분명히 자기 지갑 사정을 생각해 준 거라고 다쓰노는 생각했다. 요코의 그런 성격이 사랑스럽기도 마음이 아프기도 했다.

"요코, 조금 더 비싼 거 사도 괜찮아. 이건 어때? 색도 분홍색이고 예쁜데."

"괜찮아요. 이게 마음에 들어요. 그리고 비싼 자전거는 지각할 거 같을 때 막 밟기 그럴 거 같아서요."

요코는 그렇게 말하고는 수줍은 듯 웃었다. 다쓰노는 요코의 의견을 존중해서, 굳이 더 이상 다른 자전거를 권하지는 않았다. 두 사람의 생활은 이제부터 시작이다. 조금씩, 조금씩 이 아이가 억눌러 왔던 이런저런 욕구를 해방시켜 주자. 다쓰노는 요코를 정말 사랑스럽다고 생각했다.

"그래. 그러면 이걸로 하자. 안전 운전하세요."

"네. 감사합니다."

"천만에요. 그럼 이제 뭘 할까? 저녁밥은 밖에서 먹고 갈까? 아니면 집에서 뭔가 만들어 줄까?"

"음, 집에서 먹어요. 저도 만드는 거 도와도 돼요?"

"물론이지. 고마워."

두 사람은 집으로 돌아와서 저녁 준비를 시작했다. 선택할 수 있는 몇 가지 메뉴 중에서 요코가 고른 돈가스를 만들기로 했다. 요코는 직접 도시락을 만들어 다녔던 경험이 있어서 그런지 칼 사용은 능숙했다. 다만 고기의 힘줄을 제거하는 손질에 대해서는 별로 지식이 없었기 때문에 다쓰노가 친절하게 가르쳐 주었다. 요코는 다쓰노에게 여러 가지를 배우면서 요리를 하는 것이 매우 신선하고 기뻤다.

요코는 갓 완성된 큰 돈가스 두 장을 순식간에 먹어 치웠다.

"배가 고팠구나. 역시 소프트볼을 해서 그런가 맛있게 먹네."

"정말, 정말 맛있어요."

"그래? 다행이다."

식사가 끝난 후, 요코는 거실 소파에 앉아서 싱글싱글 웃으며 그림책을 보고 있었다.

"있잖아, 요코. 어째서 그 책을 고른 거야?"

"마음에 드는 걸 고르려고 했는데 너무 많아서 못 고르겠더라고요. 그러다가 사토자키 선생님이 어렸을 때 어머니께서 자주 읽어 주셨다고 했던 책을 떠올렸어요. 제가 어렸을 때 읽었던 추억의 그림책이라거나 그런 건 없으니까…… 이 책, 분명히 사토자키 선생님이 추억의 그림책이라고 한 것 같아서 손에 들고 봤는데, 그 추억을 나도 빌리고 싶다는 생각이 들더라고요."

"추억을 빌린다고?"

"네. 사토자키 선생님 어머니께서 읽어 주셨다는 책을 읽고, 나도 누가 읽어 줬던 것처럼 생각하면, 저한테도 이 책들이 추억의 그림책이 될 수 있지 않을까 생각했어요."

"그래. 그렇구나."

천진난만한 얼굴로 그렇게 말하는 요코를 보고 다쓰노는 더이상 아무 말도 할 수 없었다. 양쪽 폐를 쥐어짜는 듯한 괴로움이 느껴졌다.

"있잖아. 그 책 내가 읽어 줄까?"

"네?"

"내가 요코한테 그 그림책을 읽어 줘도 되려나?"

"저한테 읽어 주신다고요?"

"안 될까?"

"……아뇨. 읽어 주세요."

그렇게 말한 요코는 약간 얼굴을 붉히면서 그림책을 다쓰노에게 내밀었다. 다쓰노는 요코의 곁에 걸터앉아 그림책을 들고 상냥하게 읽기 시작했다.

"조지라는 원숭이가 있었습니다."

요코는 쿠션을 껴안고 다쓰노가 펼쳐 든 그림책을 들여다보며 다쓰노의 상냥한 목소리에 귀를 기울였다. 요코는 지금까지 느껴 보지 못한 편안함을 느꼈다. 뭘까? 왜 이렇게 마음이 편하지? 요코는 자기 왼팔로 전해지는 다쓰노의 온기를 느끼며 그렇게 생각했다. 부드럽게 감싸는 듯한 목소리가 요코의 마음속 깊숙한 곳을 따뜻한 손으로 부드럽게 쓰다듬어 주는 듯한 느낌이 들어서 멍해졌다. 온몸의 힘이 천천히 빠져나가 마음이 몸에서 해방되는 기분이었다.

잠시 후, 다쓰노는 자신의 오른쪽 어깨가 무거워진 것을 느꼈다. 무심코 요코의 얼굴을 보자, 요코는 마치 서너 살 난 어린아이 같은 천진난만한 얼굴로 새근새근 잠들어 있었다. 아주 행복해 보이는 얼굴이었다.

이 아이는 정말 부모의 사랑을 받지 못했구나, 하고 다쓰노는 새삼 생각했다. 그림책을 읽고 행복한 듯 몸을 웅크리고 잠든 17살의 요코가 너무나 안쓰러웠다. 다쓰노는 자신의 애정을 있는 대로 모아 이 아이에게 쏟겠다고, 그리고 힘든 시기가 오더라도 절대 포기하지 말고 이 아이를 지키겠다고 다짐했다.

다쓰노는 요코를 가만히 소파에 눕히고 담요를 덮어 주었다. 그리고 자신은 소파 아래에 이불을 깔고 요코 곁에서 잠을 자기로 했다.

얼마나 시간이 지났을까.

"으, 으으으, 그, 그만해!"

요코의 비명이 어두운 거실에 울려 퍼졌다. 다쓰노는 바로 벌떡 일어나, 다정하게 요코를 불렀다.

"요코, 괜찮아. 괜찮아. 내가 계속 옆에 있을게. 계속 옆에 있을 테니까."

"저, 저, 무서운 꿈을……."

"괜찮아. 꿈은 너한테 아무 짓도 못 해. 그리고 그런 꿈, 이제 안 꾸게 될 거야. 안심해. 요코는 내가 꼭 지킬 테니까. 계속 같이 있을 거니까 괜찮아."

요코는 가만히 고개를 끄덕였다. 그리고 평소처럼 웃어 보였다.

"요코, 앞으로는 그렇게 계속 웃지 않아도 괜찮아. 분할 때는 울어도 되고, 화가 날 때는 화를 내도 돼. 자신의 감정을 너무 가둬 두면 안 돼. 물론 언제나 웃는 얼굴로 있을 수 있으면 그게 제일 좋겠지만, 주위 사람들을 너무 신경 쓰느라 그런 건 안 돼. 계속 참고 지내왔으니까."

다쓰노는 요코의 손을 꼬옥 쥐고 속삭이듯 말했다. 그리고 자신이 어렸을 때 어머니가 들려주셨던 동요를 요코에게도 들려주었다.

"빨간 새, 작은 새, 왜 왜 빨간가. 빨간 열매를 먹었지. 하얀 새, 작은 새, 왜 왜 하얀가. 하얀 열매를 먹었지."

요코는 마치 자장가를 들으며 잠드는 아기같이, 조용히, 깊은 잠에 빠져들었다. 평온한 잠. 그것은 요코의 새로운 생활의 시작이기도 했다.

공판의 행방

두 달 후, 크리스마스이브를 나흘 앞둔 거리는 크리스마스 분위기로 가득 차 있었다. 화려한 전구 장식이 낮과 밤을 가리지 않고 이쪽저쪽에서 빛나서 굉장히 아름다웠다. 최근 두 달 동안 사토자키는 많은 케이스를 진행하면서도, 28조 신청을 위해서 요코에 관한 모든 기록을 숙독했다. 다마루는 다쓰노와 요코의 관계를 살피면서, 계부와 요코의 양자 결연 해소 절차를 진행하고 재판 준비를 위해서 검사와 미팅을 반복했다.

그리고 오늘, 다마루는 아침부터 요코의 케이스 기록과 일시 보호소에서의 생활 기록, 발달 검사 기록 등을 한 번 더 살펴보았다. 오후에는 지방재판소 법정에서 검찰 측 증인으로서 증언을 하기 때문이다. 재판의 증인으로 설 경우에는 메모 등은 절대

가지고 들어갈 수 없다. 필요한 내용은 전부 머릿속에 담아 가야 한다. 다마루는 마지막 정리를 했다.

12시 45분, 다마루는 재판소로 향했다. 사토자키와 니시무라도 방청석에서 재판 상황을 기록하기 위해 동행했다. 재판소에 도착했더니 검사가 현관에서 다마루를 기다리고 있었다. 검사와 함께 어둑한 계단을 올라 2층의 제1 법정으로 향했다. 법정 입구에서 재판소의 비서관이 다마루에게 증인 명부에 사인을 하라고 했다. 사토자키와 니시무라는 방청석에 앉아서 재판이 시작되기를 기다렸다. 잠시 후 다마루와 검사가 법정에 나타났다. 다마루는 중앙에 있는 증언대의 오른쪽 뒤에 있는 자리에 앉았다. 검사는 오른쪽 벽 쪽에 마련된 자리에 앉아 보따리를 풀고 서류들을 훑어봤다.

곧 변호사와 포승줄에 묶인 피고인 계부가 법정으로 들어왔다. 계부는 다마루의 바로 왼쪽 옆자리에 앉았다. 사토자키는 증인과 피고인이 이렇게 가까이 앉는다는 사실에 놀랐다.

'다마루는 증언하기 어렵겠지, 계부가 저렇게 바로 옆에 있어서야…….'

사토자키는 다마루가 많이 걱정되었다. 하지만 긴장한 사토자키와는 다르게 등 너머로 보이는 다마루는 매우 자신감에 차 보였다. 곧게 뻗은 등줄기는 마치 임전 태세를 갖춘, 기합이 넘치는 무사 같았다.

13시 30분, 재판관 3명이 법정으로 들어오면서 재판이 시작됐다. 이 재판은 계부에 의한 강간이냐, 양자의 동의에 의한 아동 복지법 위반이냐를 다투고 있었다. 다마루는 강간죄 적용을 주장하는 검찰 측의 의견을 보완하기 위한 증인으로 이 법정에 불려온 것이다.

다마루는 증언대 앞에 서서 재판장의 요구에 따라 이름과 소속을 알리고 진실만을 진술하겠다는 취지의 선서문을 낭독했다. 그 모습을 계부가 분노에 찬 찌르는 듯한 시선으로 쫓고 있었다.

재판은 우선 검사들의 질문으로 시작됐다.

"피고인은 피해 아동을 강간한 것이 아니라 피해 아동의 동의 하에 성교를 했다고 주장합니다. 또한 피해 아동은 이전부터 이성에게 큰 흥미를 가지고 있었으며 자신에게 편리한 거짓말도 자주 했다고 말합니다. 그래서 증인에게 물어보겠습니다. 피해 아동은 피고와 동의 하에 성관계를 했다고 말했습니까?"

"아니요. 억지로 강간당했다고 말했습니다."

"증인은 피해 아동이 진실을 말하고 있다고 생각했습니까?"

"네. 진실을 말한다고 생각했습니다."

"어째서 피해 아동이 진실을 말한다고 생각했습니까?"

"10월 4일, 18시에 피해 아동이 보호를 해달라고 전화를 했습니다. 같은 날 18시 30분에 피해 아동을 보호하고, 상황 설명을 들었습니다. 그때 피해 아동은 계부에게 당한 폭행에 대해 굉장히 상세히 기억하고 있었고, 그 말에는 모순이 없었습니다."

"이야기의 앞뒤가 맞았다는 거네요."

"네. 아동 상담소에서 보호한 후에도 몇 번이나 경찰의 진술 청취가 있었는데, 그때 피해 아동이 말한 내용도 처음 제가 확인한 내용과 달라진 곳이 없었습니다. 몇 번을 물어도 흔들림 없이 설명했기 때문에 피해 아동이 하는 말이 진실이라고 생각했습니다."

"그렇군요. 진술 청취를 하는 사람이 바뀌어도 주장하는 내용이 달라지지 않았다는 거네요."

"네, 그렇습니다. 경험상 거짓말을 하는 경우에는 몇 번이나 말을 하다 보면 어딘가 내용이 어긋나는 경우가 종종 생깁니다. 하지만 피해 아동의 주장은 상대가 바뀌어도 달라지지 않았습니다. 이것은 경험한 사실을 그대로 말하기 때문이라고 생각합니다."

"알겠습니다. 다음으로, 피고는 피해 아동이 이성에게 큰 흥미를 가지고 있었다고 이야기하고 있는데요, 그 점에 대해서 증인은 어떻게 생각하십니까?"

"일시 보호 중의 기록과 일시 보호과 직원의 관찰 결과에서도 피해 아동이 이성에게 큰 관심이 있는 듯한 경향은 보이지 않았습니다. 자신이 먼저 관심을 가지고 말을 건 적도 없었으며, 오히려 거리를 두는 모습이 관찰되었기 때문에 이성에 대한 큰 관심이 있다는 인상은 저를 포함해서 일시 보호과의 직원 누구도 받지 못했습니다."

"그럼 피해 아동이 자신에게 유리한 거짓말을 한다는 점에 대해서는 어떻게 생각하십니까?"

"그 점에 대해서도 전혀 그런 일은 없습니다. 생활 태도도 매우 성실했습니다. 자주 거짓말을 하는 아동은 그게 원인이 되어 다른 입소 아동과 문제가 생기는 경우가 많은데, 피해 아동은 그런 일로 문제를 일으킨 적이 없습니다."

"그렇습니까? 달리 알아낸 점은 없으신가요?"

"네. 청소도 지시한 건에 대해서는 확실하게 했고, 청소 도구를 망가뜨렸을 때도 숨기지 않고 솔직하게 말했습니다. 학교 담임 선생님께도 여쭤봤는데 아주 솔직한 학생이라고 하셨고요. 피고가 말한 것 같이 거짓말을 습관적으로 하는 성향이 있다고는 도저히 생각할 수 없습니다."

"피해 아동은 자기 몸에 일어난 일을 확실하게 기억할 수 있는 능력을 충분히 갖추고 있습니까?"

"네. 일시 보호 중에 아동 심리사가 피해 아동에게 WAIS-III라는 지능검사를 실시했습니다. 동작성과 언어성 같은 몇 가지 분야의 능력을 보는 검사인데, 어느 분야에서나 균형 있는 능력을 갖추고 있고, 전체 검사 IQ는 103으로 평균적인 지능을 가지고 있기 때문에 경험한 것을 제대로 기억하는 힘은 충분히 가지고 있다고 판단할 수 있습니다."

그 후, 검사와 재판관이 요코의 사람 됨됨이를 알기 위해 몇 가지 세세한 사실을 확인하는 질문을 했지만, 다마루는 그 질문들에 거침없이 논리정연하게 대답했다.

검찰 측의 질문이 끝나자 이번에는 변호사 측의 질문이 시작되었다.

"증인은 아까 아동이 피고와의 성교에 대해 확실히 기억하고 있고, 여러 번 물어도 같은 내용을 대답했기 때문에 아동이 진실을 말하고 있을 신빙성이 높다고 이야기했죠?"

"네."

"그런데 말입니다, 억지로 강간을 당했다면 그때 자신이 무슨 일을 당했는지를 그렇게 확실히 기억할 수 있는 걸까요? 죽기 살기로 저항하면 할수록, 무슨 일이 일어나고 있는지를 확실하게 기억하는 게 불가능하지 않을까요? 동의를 한 후에 피고와의 성교를 즐겼기 때문에 냉정하게 기억하고 있는 게 아닐까요? 강간을 당했다면 역으로 확실히 기억이 안 나는 부분이 많은 게 당연할 것 같은데요."

"뭐야? 저 자식은, 열받네."

"사토자키 씨, 조용히 해 주세요."

"아니, 니시무라 씨는 화도 안 나요?"

"화는 나지만, 상대 쪽도 일이니까요."

"그래도 그렇지, 어떻게 저렇게 심한 말을 해. 젠장!"

"그러니까, 저게 변호사의 일이잖아요. 흥분하지 말고 조용히 해요. 안 그러면 쫓겨나요."

"으……."

변호사의 질문은 이어졌다.

"증인은 처음부터 아동이 피해자라는 생각으로 감정 이입을 과하게 한 것 아닙니까? 그래서 냉정하게 상황을 못 본 것 아닙니까? 객관적으로 보면 상황을 명확하게 기억하고 있는 쪽이 부자연스럽다고 생각하는데, 어떠신가요?"

"그 아이는, 실제로 강간을 당할 때, 뭐가 어떻게 되었다는 걸 정확하게 기억하고 있는 게 아닙니다. 그저 괴롭고, 분하고, 굉장히 아팠던 것을 기억하고 있습니다. 하지만 강간을 당하기 전의 상황이나 강간을 당하는 동안에 피고가 내뱉었던 말을 기억하는 건, 강한 공포와 깊은 상처로 마음에 새겨졌기 때문입니다. 잊고 싶어도 잊을 수 없는 깊은 트라우마로 새겨졌기 때문에 기억하고 있는 겁니다. 변호사님이 말씀하신 것처럼 성교를 즐겨서가 절대로 아닙니다."

"그것도 증인의 상상에 지나지 않은 것 같은데요. 아동이 이성에게 큰 관심이 있었던 것과 거짓말을 자주 했던 점에 대해서도, 겨우 2주 정도의 일시 보호로 알기 어려운 것 아닙니까? 그렇게 짧은 시간이라면, 평소와 다른 모습으로 생활하는 것도 17살이라면 할 수 있을 거라고 생각하지 않으십니까? 증인은 처음부터 그 아동을 피해자라고 정했기 때문에 아까부터 상상에 지나지 않은 주장을 하는 거라고 생각됩니다. 질문을 끝내겠습니다."

"윽, 열받아. 요코에 대해서 아무것도 모르면서."

"사토자키 씨! 조용히 해요."

"아니, 저 보라고요."

그 후로, 검사와 변호사는 서로의 입장을 보완하기 위해 다마루에게 질문을 계속했다. 다마루는 감정적으로 격해지지도 않고 시종일관 침착하게 증언을 이어갔다. 공판은 1시간 정도로 끝났다. 다음 공판은 1개월 후인 1월 20일로 정해졌다.

"아무리 그래도 그렇지. 대체 뭐야? 그 변호사. 열받아! 동의는 무슨 동의!"

사토자키는 증언을 막 끝내고 나온 다마루에게 분하다는 듯이 말했다.

"어쩔 수 없잖아. 계부가 동의한 거라고 말한 이상, 변호사는 거기에 따라서 주장할 수밖에 없으니까."

"다마루는 화가 안 나?"

"법정에서 화를 낼 수는 없잖아. 무슨 생각을 하는 거야?"

"다음 달에도 나와야 해?"

"글쎄, 나는 이제 안 부르지 않을까? 어쩌면 요코를 부를 수도 있어. 그게 걱정이야."

"그러게요. 겨우 다쓰노 씨 집에서 안정된 생활을 하기 시작했는데……."

니시무라는 많이 걱정된다는 표정을 지었다.

"다시 끔찍한 기억을 되살려야 하는 건가. 내가 요코 입장이라면 정말 싫을 것 같아."

사토자키도 걱정하며 말했다.

세 사람의 걱정은 3일 후 검사에게서 걸려 온 전화로 현실이 되었다.

"여보세요, 다마루입니다. 아, 검사님, 안녕하세요? 네, 네, 그렇군요. 어쩔 수 없죠. 그럼, 영상증인신문 신청 부탁드려요. 꼭 해 주셔야 해요. 사토자키! 나, 다쓰노 씨 집에 좀 다녀올게."

"지금? 8시 넘었어. 내일 가지 그래."

"그러고 싶은데 어쩔 수 없어. 지금 검사님한테 전화가 왔는데 다음 공판에 요코가 나가게 됐나 봐. 영상증인신문을 신청해서 그 설명도 해야 하고. 이 시간이면 요코도 클럽 활동을 끝내고 돌아왔을 테니까."

"영상증인신문? 그게 뭐야?"

"요코는 법정에는 안 들어가고, 재판소 내의 다른 방에서 대기하다가, 거기서 중계 장치를 이용해서 재판관하고 이야기할 거야. 다시 말해서, 법정 내에 있는 모니터에 요코 얼굴이 나오고, 그 화면을 통해서 재판관과 요코가 이야기하는 식이야."

"요코 얼굴을 법정에 있는 사람이 다 보는 거야?"

사토자키는 불안한 듯 말했다.

"그 점은 괜찮아. 모니터는 피고인 계부한테는 안 보이는 위치에 설치되어 있으니까. 피해 아동의 정신적인 부담을 조금이라도 줄일 수 있도록 만든 제도야."

"다행이다. 계부가 본다고 생각하면 무서워서 아무 말도 못 할 것 같은데. 영상증인신문이라는 거 좋은 제도네."

"그럼 다녀올게. 과장님하고 차장님, 그리고 소장님께도 말씀드려 줘."

"알았어. 조심해서 다녀와."

30분 후, 다마루는 다쓰노와 요코를 앞에 두고 거실의 소파에 앉아 있었다. 거실에는 아주 커다란 크리스마스트리가 가지마다 장식을 가득 달고, 아름다운 장식 전구를 자랑스럽게 반짝이고 있었다. 요코는 막 샤워를 하고 나와 머리가 젖어 있었다.

"요코, 오랜만이야. 잘 지냈어? 학교 다니는 데는 문제 없고?"

"네, 괜찮아요. 아직은 아무 문제 없이 즐겁게 다니고 있어요."

"그래? 다행이다. 오늘 온 건 전에 말했던 재판 때문이야."

"재판……."

요코는 굉장히 불안한 표정을 지었다.

"재판관이 요코한테 직접 이야기를 듣고 싶어 하나 봐. 그래서 다음 공판 때 요코가 재판소에 가야 할 것 같아."

"다른 방법이 없는 거죠?"

"미안. 그런데 다행히 직접 법정에 들어가서 말할 필요는 없어. 요코는 법정이랑 다른 방에서 말하는 거니까 안심해."

"그럼 그 나쁜 놈 얼굴은 안 봐도 돼요?"

"그럼. 얼굴을 마주할 일은 절대로 없어. 영상증인신문이라는 제도를 이용하게 될 건데, 요코는 다른 방에 설치된 텔레비전 모니터를 통해서 재판관하고 이야기를 할 거야. 그러니까 계부하고 얼굴을 마주할 필요도 없고, 말을 할 일도 없어."

"제가 말하는 걸 그놈도 봐요?"

"괜찮아. 법정 안에 설치된 모니터에 요코가 비치긴 하지만 계부나 방청석에서는 안 보이게 돼 있으니까 안심해도 돼."

"다행이다. 저 혼자 질문에 답하나요?"

"아니, 동반인이 인정되니까 내가 요코 옆에 같이 있을 거야."

"저기, 다마루 씨, 동반인으로 내가 가면 안 될까요?"

"다쓰노 씨……. 동반인은 이름을 말해야 할 수도 있어요. 피고인 계부가 이름을 알면 나중에 위험해질 수도 있기도 하고, 이상한 원한을 품지 않으리라는 보장도 없고요."

"괜찮아요. 이런 때 부모가 돼서 자식이랑 같이 가 주는 건 당연하잖아요. 꼭 그렇게 할 수 있게 해 줘요."

"그래도……."

"엄마, 다마루 선생님이 말씀하신 대로예요. 혹시 그놈이 이름이라도 기억해서 무슨 짓이라도 하면 위험하잖아요. 다마루 선생님 말씀대로 해요. 엄마한테 무슨 일이 생기면 내가 제일 곤란하고 슬플 거니까. 네? 그렇게 해 줘요."

"……그래. 요코가 그렇게까지 말한다면 어쩔 수 없네. 그럼 다마루 씨 저 대신 잘 부탁해요."

"당연하죠."

"그럼 방청석에서 보고 있을게."

"그것도 안 하시는 게 좋을 것 같아요. 방청석에 있는 다쓰노 씨를 계부가 보는 게 마음에 걸려요. 계부에게는 될 수 있는 한 다쓰노 씨에 관한 정보를 주고 싶지 않아요. 너무 과한 걱정일지도 모르지만, 이런 경우에는 돌다리도 확실히 두드려 보고 건너고 싶어요. 요코하고 안전하게 지내셨으면 좋겠어요."

"그래도 방청하는 정도는……."

"엄마! 다마루 선생님 생각도 좀 해 줘요. 우리를 위해서 그렇게 말해 주는 거잖아요."

"……알겠어요. 집에서 가만히 기다리고 있을게요."

"죄송합니다. 일부러 제안해 주셨는데……. 그나저나 요코, 다쓰노 씨를 엄마라고 부르는 거야?"

"아, 네."

요코는 얼굴이 붉어져서는 부끄러운 듯 웃어 보였다.

"언제부터 그렇게 부른 거야?"

"음, 기억이 안 나요."

"같이 장도 보러 다니고 그러니까 자연스럽게 그렇게 부르게 됐지요. 너무 자연스러워서 저도 언제가 처음이었는지 기억이 안 나네요. 그 있잖아요. 드라마 같은 데서 '요코, 지금 나를 엄마라고 부른 거야?' 하는 장면. 그런 건 없었어요. 호호호호."

"뭐예요, 그게. 엄마는 참. 하하하하하."

다쓰노와 요코는 서로의 얼굴을 보면서 평화롭게 웃었다. 그 모습을 보고 다마루는 마음이 뜨거워졌다. 두 사람이 마치 피가 이어진 친 모녀처럼 보였기 때문이다. 아니, 피 같은 게 이어지지 않았더라도, 이 두 사람은 마음이 서로 통하는 영락없는 모녀 지간이다. 싸울 일도 있겠지. 요코가 악몽에 시달리는 밤도 몇 번이나 경험하겠지. 그래도 이 두 사람은 분명히 서로 도우면서 길을 헤쳐 나갈 것이다. 다마루는 그렇게 믿을 수밖에 없었고, 그렇게 믿고 싶었다.

"그럼 일정이 정해지는 대로 연락드릴게요. 법정에서 증언하기 전에 검사 쪽과도 만나서 이야기해야 할 테니까, 그건 수시로 연락할게요. 그럼 요코, 힘내자. 이 일이 끝나면 이제 이런 힘든 일은 없을 테니까."

"네. 힘낼게요."

"그럼, 다쓰노 씨, 가 보겠습니다."

"운전 조심해서 가요."

요코에게 있어서 괴로울 수밖에 없는 이야기를 하러 왔던 다마루는 올 때보다 갈 때 조금 기분이 나아져 있었다. 그건 무엇보다도 저 두 사람의 웃는 얼굴 덕분인 게 확실했다. 올해는 요코도 즐거운 크리스마스와 설날을 보낼 수 있을 것이다. 이번에야말로 요코가 행복해졌으면 좋겠다. 다마루는 가능한 한 최선을 다하겠다고 다짐했다. 살을 에는 듯한 찬바람이 정신을 번쩍 들게 만들어 주었다. 다마루는 요코가 사는 다쓰노의 집을 가만히 바라보다가 양손으로 뺨을 찰싹 때리고는 차를 몰았다.

새해가 밝고, 설 기분도 완전히 사라진 1월 11일 오후. 다마루는 요코와 함께 재판소의 한 방에 앉아 있었다. 방청석에는 무릎 위에 꽉 쥔 주먹을 올리고 있는 사토자키와 대범한 니시무라가 재판이 열리기를 기다리고 있었다.

"요코는 괜찮을까? 제대로 말할 수 있을까? 걱정되네."

"아마 사토자키 씨보다는 훨씬 침착하게 기다리고 있을 거예요. 요코는 강한 아이니까요."

"뭐예요, 그 말투는. 니시무라 씨는 요코가 걱정되지도 않은가 봐요?"

"저는 사토자키 씨와 다르게 요코를 믿으니까요."

"나도 믿어요!"

"그럼 침착하게, 조용히 앉아 계세요."

"네, 네, 알겠습니다. 아이고 좋겠습니다, 니시무라 씨는. 어차피 이런 순간에도 태평하게 3시에는 무슨 간식을 먹을까 생각하겠죠?"

"아닌데요! 그런데 그것보다 한 번 더 확인해 두겠는데, 사토자키 씨가 방청했다는 건 요코에게는 말하면 안 돼요. 요코는 오늘 재판 내용을 사토자키 씨가 듣기를 원하지 않을 수도 있어요. 알겠죠?"

"알았어요. 다마루한테도 얼마나 주의를 받았는데요."

"그럼 됐어요. 아, 재판관 들어왔다. 시작해요."

곧 재판관이 재판 시작을 선언했다.

"오늘은 피해자인 A씨에게 이야기를 들어 보겠습니다. A씨, 들리십니까?"

재판장의 목소리가 다른 방에서 대기하고 있던 요코와 다마루에게 들렸다. 다마루는 요코의 손을 꼬옥 쥐고 요코를 바라보며 가만히 고개를 끄덕였다. 요코는 다마루의 신호를 확인하고 똑똑히 대답했다.

"네, 들립니다."

"이미 설명은 들으셨겠지만, 영상증인신문을 준비해 뒀습니다. 방청석이나 피고인의 자리에서는 A씨의 모습은 보이지 않게 되어 있으니까 안심하세요. 저하고, 검사, 그리고 피고의 변호사가 각각 질문을 할 테니까 대답해 주세요. 알겠습니까?"

"네."

요코가 다마루의 손을 꽉 세게 쥐었다. 요코의 긴장감과 불안감이 다마루에게 아플 정도로 전해져 왔다.

"괜찮아. 내가 같이 있잖아. 니시무라 씨도 법정에서 응원하고 있어. 그냥 솔직하게 말하면 돼. 괜찮아."

다마루는 요코를 진정시키려고 조용하고 다정한 목소리로 속삭였다.

"그럼 질문을 시작하겠습니다."

먼저 검사가 요코에게 질문을 시작했다.

"A씨, 긴장하지 말고 침착하게 답해 주세요. 질문의 의미를 모르겠으면 그렇게 말씀해 주시고요. 알겠습니까?"

"네."

"먼저 피고인과 동거하게 된 건 언제부터였습니까?"

"중학교 2학년 때부터였습니다."

"같이 살게 된 이후로 사건이 일어나기까지 무언가 힘들었던 일이 있었습니까?"

"네, 자주 제 몸을 만졌습니다."

"구체적으로 어디를 만졌습니까?"

"가슴이나 엉덩이, 허벅지 부근 같은 데를 만졌습니다."

"만지지 말라고 말했습니까?"

"네, 몇 번이나 말했습니다. 엄마한테도 말했지만 스킨십일 뿐이라고 가볍게 넘기고 도와주지 않았습니다."

"어머니께서 확실하게 피고인에게 주의하라고 경고했다면 이번 같은 사건은 일어나지 않았다고 생각합니까?"

"그건 모르겠습니다. 하지만 엄마가 주의하라고 경고했더라도 그만두지 않았을 것 같아요. 제가 몇 번이나 큰 소리로 그만두라고 외쳤는데도 그만두지 않았거든요."

"재판장님, 피고인은 A씨와 동거하면서 A씨에게 지속적으로 성추행을 했습니다. 이것은 피고인이 상대의 기분을 전혀 고려하지 않고 일방적으로 자신의 욕구를 충족시킨 것입니다. 이 점에 주목해 주셨으면 좋겠습니다. 그리고 사건 당일에 대해서도 질문하겠습니다. 당일, 사건이 있기 전에 A씨는 무엇을 하고 있었습니까?"

"책상에서 숙제를 하고 있었습니다."

"공부를 하고 있었는데 갑자기 피고가 덮치던가요?"

"네, 뒤에서 목을 팔로 조르면서 그대로 엄마 방에 있는 침대로 끌고 갔어요. 저는 숨이 안 쉬어져서 굉장히 괴로웠습니다."

"정신을 잃을 정도로 강하게 목을 졸랐나요?"

"네, 목을 엄청난 힘으로 짓눌러서 목이 부러지지 않을까 생각했을 정도예요. 침대 위에서 팔이 풀렸을 때는 굉장히 기침이 나고 토할 것 같았습니다. 하지만 곧바로 입을 막고 얌전히 있으라고 협박했어요."

"저항은 하셨나요? 피고인은 동의를 했다고 주장하는데요."

"아니에요! 절대로 동의 같은 거 하지 않았어요! 온몸의 힘을 끌어모아서 밀쳐 내려고 했어요. 몇 번이고 몇 번이고 밀쳐 내려고 했지만, 힘이 너무 세서……."

요코의 몸이 조금씩 떨리기 시작했다. 모습은 보이지 않지만, 같은 건물 안에 계부가 있다는 것만으로도 요코에게는 너무나 큰 고통이었다. 당시의 무서웠던 기억이 요코를 괴롭히기 시작했다.

다마루는 요코의 손을 잡고 다정하게 등을 쓸어 주면서 힘을 주려 애썼다.

그 후 검사가 사건 당일의 경과를 상세하게 물었다. 요코는 때때로 괴로움에 말문이 막히면서도 최선을 다해 질문에 답했다.

"지금도 당시의 기억이 떠오를 때가 있습니까?"

"네, 혼자 있을 때는 누가 뒤에 서 있지 않을까 겁이 나기도 하고, 밤에는 자다가 악몽을 꾸기도 합니다."

"피고에 대해서는 어떤 감정을 가지고 있습니까?"

"……사라졌으면 좋겠어요. 그게 불가능하다면 평생 감옥에 들어가서 나오지 않았으면 좋겠습니다. 그렇지 않으면 분명히 또 다른 사람에게 나쁜 짓을 할 거라고 생각해요."

"재판장님, A씨가 얼마나 두려웠을지, 얼마나 깊은 마음의 상처를 받았을지를 생각해 주십시오. 아무런 잘못도 없이 어머니의 학대에도 견디며 열심히 살아온 A씨에게, 피고인은 자기 성적 욕구를 충족시키기 위해 강간이라는 흉악한 범죄를 저질렀습니다. 무거운 판결을 내려야 한다고 생각합니다. 질문을 마칩니다."

계속해서 피고 쪽 변호사가 질문을 시작했다.

"A씨는 중학교 2학년 때부터 피고가 몸을 만졌다고 하셨죠? 그리고 그게 너무나 싫었다고도 하셨습니다. 그렇다면 어째서 아무에게도 상담을 하지 않았습니까? 정말 몸을 만지는 게 싫었다면 이번처럼 아동 상담소 같은 곳에 상담했어야 하지 않을까요? 그런데 A씨는 상담을 하지 않았습니다. 상담할 정도로 싫지 않았기 때문이죠. 그렇지 않습니까?"

"아닙니다. 정말 싫었습니다. 엄마 이외에도 상담할 곳이 있다는 걸 몰랐을 뿐입니다. 그리고 엄마 이외에는 부끄러워서 쉽게 말할 수도 없었습니다. 혹시 친구에게 말했다가 소문이라도 난다면 학교를 못 다니게 될 수도 있고……."

"정리하자면, 소문이 나는 편이 더 싫었다는 거네요. 그럼, 다음으로 이번 사건에 대해서 묻겠습니다. A씨는 정말로 온 힘을 다해 저항했습니까? 계속 저항을 했습니까?"

"네, 온 힘을 다해서 계속 저항했습니다."

"만약에 그랬다면 성교는 불가능하지 않았을까요? A씨는 소프트볼부에서 활동할 정도로 체력이 좋은 편입니다. 정말 온 힘을 다해서 저항했다면 성교는 불가능했을 거라고 생각합니다. 도중에 될 대로 되라고 생각한 건 아닙니까?"

"그렇게 생각한 적 없습니다! 칼을 들고 협박해서 무서웠지만, 죽어도 싫었기 때문에 계속 온 힘을 다해 저항했습니다. 그래도 힘으로는 이길 수 없어서…… 될 대로 되라고 생각한 적은 절대 없습니다."

변호사는 칼에 대해서는 말하지 않고, 요코가 어떤 시점에 포기를 하고 동의한 건 아닌가에 중점을 두고 질문을 반복했다. 요코는 매우 괴로운 질문이 이어져 견디지 못하고 울기도 했다.

방청석에서는 사토자키가 지금이라도 변호사에게 덤벼들 듯한 표정으로 노려보고 있었지만, 옆에서 니시무라가 사토자키의 고삐를 꽉 움켜쥐고 컨트롤하고 있었다.

"피고인은 신장도 체중도 A씨와 비교해서 차이가 많지 않습니다. 그 점을 고려했을 때, A씨가 적극적으로 저항을 했다면 과연 성교를 할 수 있었을지 생각해 주시기 바랍니다. 질문을 끝내겠습니다."

마지막으로 재판장이 요코에게 질문했다.

"A씨는 현재 안심할 수 있는 생활을 하고 있습니까?"

"네, 다정한 위탁 부모님 댁에서 마음 편히 지내고 있습니다."

"앞으로 열심히 살아갈 수 있겠습니까?"

"네."

"그러면 꼭 열심히 살아가기를 바랍니다. 당신의 인생은 지금부터 시작입니다. 똑바로 앞을 보고 힘내세요. 오늘 나와 주셔서 감사합니다."

재판장이 재판이 끝났음을 알렸다. 요코에게 있어서 너무나 괴로웠던 한 시간이 끝났다.

빛을 향하여

다마루는 요코의 어깨를 꼬옥 안아 주면서 위로의 말을 건넸다.

"요코, 고생했어. 미안해, 괴롭게 만들어서. 그런데 재판장님도 요코를 믿어 주신 것 같았어. 정말 괴로운 질문을 잘 견뎠어. 이제 이걸로 끝이니까. 이제부터는 똑바로 앞을 보고 가슴을 펴고 살면 돼. 다들 요코 편이니까."

"네."

요코는 손수건을 눈에 대고 천천히 고개를 끄덕였다. 두 사람이 재판소 뒷문으로 나오자 사토자키와 니시무라가 기다리고 있었다.

"요코, 대단해. 정말 고생했어. 사토자키 씨도 지금 막 왔어."

"사토자키 선생님, 와 주셨네요."

"방금까지 요 근처에 가정 방문 갔다가 지금 막 왔어. 오랜만에 요코 얼굴 보고 싶어서. 고생했어. 괜찮았어?"

"감사합니다. 저, 괜찮아요. 힘들었지만 다마루 선생님이 옆에 있어 주셨거든요."

"좋아. 이제 열심히 전진만 하면 돼. 다마루, 가다가 하천 부지에 좀 들러도 될까?"

"거긴 왜?"

사토자키는 들고 있던 손가방 안에서 글러브를 꺼내 들고 빙긋 웃었다.

"어때? 요코. 오랜만에."

"사토자키 선생님, 제 맘을 어떻게 이렇게 잘 아세요!"

"제가 가정 방문 가기 전에 가지고 가라고 제안했어요. 사토자키 씨가 아침부터 불안해 하면서 사무실 안을 왔다 갔다 하는 거예요. 사토자키 씨가 그렇게 불안해 하면 어떻게 하냐고요."

"그럼 그렇지. 역시 니시무라 씨! 사토자키가 이렇게 준비성이 철저할 리가 없지."

"뭐라는 거야. 니시무라 씨가 말 안 했어도 가지고 왔다고!"

"어땠을 거 같아? 응? 요코."

"하하하하하하."

요코의 얼굴이 점점 밝아졌다.

사토자키와 요코는 익숙한 자세로 캐치볼을 시작했다. 그 모습을 다마루와 니시무라가 둔덕에 앉아서 보고 있었다.

"요코, 정말 즐거워 보이네요."

"사토자키 씨의 바보 같은 솔직함과 성실함이 요코에게는 신선하겠죠."

"그러게요. 지금까지 요코 주변에는 없었던 타입의 어른이니까요."

사토자키와 요코가 즐겁게 떠드는 소리와 공이 글러브에 부딪히는 소리가 반짝반짝 빛나는 강 표면을 울리고 있었다.

"어쩐지 공이 더 빨라진 것 같은데."

"아닐걸요. 오랜만에 해서 그렇게 느껴지는 거 아니에요?"

"그런가? 전보다 더 잘 뻗어 나오는 것 같은데."

"정말요? 그런 거면 좋겠는데."

"괜찮아?"

"괜찮아요."

"정말?"

"정말요."

"다쓰노 씨하고는 어때?"

"엄청 즐거워요."

"정말?"

"정말요."

"학교는 어때? 문제없어?"

"문제없어요."

"정말?"

"정말요."

"좋네."

"하하하하. 좋죠?"

"좋아."

"네."

"날씨 좋네. 기분 좋다."

"진짜 날씨 좋네요."

"나 오늘 여기에서 요코하고 캐치볼 한 거 평생 안 잊을 거야."

"정말이요?"

"정말이지."

"저도 안 잊을게요."

"이 장소는 나한테 용기를 주는 장소가 될 것 같아."

"용기를 주는 장소……. 정말요?"

"그럼."

"좋네요."

짧은 문답이었지만, 요코에게는 사토자키의 마음이 아주 잘 전해져 왔다. 사토자키가 자신을 생각해 주는 마음이 그저 기뻤다.

사토자키는 요코의 씩씩한 모습에서 자신에게는 없는 강인함을 느꼈다. 자신과 달리 가혹한 환경 속에서 필사적으로 살아온 요코의 강인함과 그런 환경임에도 불구하고 기적처럼 올곧음을 잃지 않은 모습에 존경심을 느꼈다.

그리고 지금 이 순간에도 도움을 기다리며 가혹한 환경에서 가만히 웅크리고 살아가고 있을 어린이들이 많다는 것을 떠올리니 가슴이 아팠다.

다마루가 요코를 데려다주기 전, 사토자키가 요코에게 귀여운 종이 가방을 건넸다.

"요코, 이거 받아 줄래?"

"뭐예요?"

요코가 종이 가방 안을 들여다보니, 거기에는 상자에 포장된 소프트볼과 무언가 적혀 있는 소프트볼이 들어 있었다. 요코는 무언가 적혀 있는 소프트볼을 꺼내 보았다.

"이, 이건?"

"내가 좋아하는 말을 써 놨어."

"인, 인의요?"

"그래, 사람이 마땅히 지켜야 할 도리! 인의!"

"하하하하하. 사토자키 선생님답네요. 감사합니다. 소중히 간직할게요."

다마루와 니시무라가 사토자키를 찌를 듯한 시선으로 노려보고 있었다.

"그럼, 요코 조심해서 가."

사토자키는 요코가 탄 차를 배웅하고 니시무라와 함께 사무소로 향했다.

"대체 무슨 생각을 하시는 거예요? 17살 여고생한테 주는 소프트볼에 인의라니요! 바보 아니에요?"

"뭐, 뭐야. 그게 그렇게 화낼 일이야?"

"사토자키 씨, 진짜 어이가 없네요. 하필 골라도 인의가 뭐예요, 인의가! 사극에 나오는 건달도 아니고. 정말 어이가 없어서 말이 안 나오네요. 진짜!"

"아, 아니, 사회에서 살아가는 데 인의가 중요하잖아요. 인의가 없으면 세상을 잘 헤쳐 나갈 수가 없지 않습니까."

"네, 네, 그러시군요. 됐어요. 인제 와서 돌이킬 수도 없고."

"아, 아니, 돌이킬 수가 없다니, 너무하잖아요!"

건조하고 차가운 바람이 거리를 빠져나갔다. 차창으로 흘러가는 풍경에서는 아직 봄을 느낄 수 없었다. 거리에 서 있는 헐벗은 은행나무와 느티나무가 춥고 쓸쓸한 표정으로, 내부에 감춰 둔 새싹의 에너지를 조금도 드러내지 않고, 불어오는 바람에 몸을 맡기고 있었다. 온화한 자연으로 눈을 돌리고 있는 한, 세상은 늘 평화 그 자체라고 사토자키는 생각했다.

무심코 옆을 보니, 니시무라가 어이없는 얼굴로 팔짱을 낀 채 아득하게 멀리 펼쳐진 하늘을 바라보고 있었다. 멋을 내는 데 진심인 니시무라에게 있어서, 그 소프트볼은 절대로 용서할 수 없는 일이었던 모양이다. 분노를 넘어 경멸에 가까운 감정이 니시무라의 옆얼굴에서 흘러넘치고 있었다. 영하 몇 도일까? 온몸이 떨릴 정도로 차가운 표정이라고 사토자키는 마음속으로 생각했다.

* * *

동박새가 갓 피기 시작한 매화의 꿀을 빨아 먹는다. 잔가지 사이로 파닥거리며 부산하게 움직이다가 부리를 이 꽃에서 저 꽃으로 옮기는 그 모습은 말할 수 없이 사랑스러웠다. 사토자키는 한참 그 모습을 바라봤다.

백매화의 산뜻한 향기가 바람에 실려 왔다. 2월의 한가로운 풍경이 사토자키의 마음을 훈훈하게 만들었다. 초콜릿 회사로서는 최고의 날인 2월 14일. 봄은 바로 코앞까지 다가와 있었다.

"뭐야, 매화하고 꾀꼬리 구경하는 거야? 노인이 다 됐네."

들떠 있던 사토자키에게 다마루가 차가운 말투로 말했다.

"다마루 씨, 저건요, 꾀꼬리가 아니라 동박새거든요."

"뭐가 됐든. 일본 들새 모임도 아니고, 지금 한가하게 꽃이나 볼 때가 아니지 않나? 가자."

"가자니, 어딜?"

한심하다는 표정으로 니시무라가 두 사람의 대화에 끼어들었다.

"아이고, 초봄에는 이렇게 잠이 덜 깬 사람이 많아져서 큰일이네요. 날이 밝았다고요. 잠 깨세요, 사토자키 씨. 오늘은 판결문이 나오는 날이라고요."

"아! 맞다! 니시무라 씨가 기억하고 있는 걸 내가 잊다니. 이럴 수가!"

"뭐가 '이럴 수가'예요. 으휴. 다마루 씨, 우리끼리 가요."

"미안, 미안. 나도 데리고 가 줘요."

오늘은 계부에 대한 판결이 나오는 날이다. 요코의 케이스에 있어서 커다란 전환점이 될 날이기도 했다. 중앙 어린이 가정 센터의 모든 사람이 오늘 나오는 판결에 주목하고 있었다.

"드디어 판결이 나오는구나. 28조도 OK가 나왔고, 양자 결연 해소도 인정받았고. 이제 이 결과만 남았네. 재판소에서는 강간을 인정할까? 동의한 관계라고는 안 하겠지?"

"거참 시끄럽네. 좀 진정해."

"맞아요. 오늘 판결이 나온다는 사실도 잊고 있었으면서."

"그렇게 말할 것까지야, 계속 확인해야 할 일이 있어서 바빴다고요."

세 사람은 재판이 시작되기 10분 전에 재판소에 도착했다. 조용한 법정의 방청석에 앉자, 앞쪽에서 안절부절못하고 있는 계부의 뒷모습이 보였다. 세 사람은 조용히 재판이 열리기를 기다렸다.

사토자키에게는 10분이 너무나도 길게 느껴졌다. 그렇게 안절부절못하는 사토자키를 아랑곳하지 않고, 다마루와 니시무라는 태연하게 판사석 쪽을 바라보고 있었다.

판사석 안쪽 문이 열리면서 재판관이 들어왔다. 재판장이 재판의 시작을 선언하고, 드디어 판결이 내려지는 순간을 맞았다.

세 사람은 재판장을 뚫어져라 바라보았다. 조용한 법정에 재판장의 목소리가 울렸다.

"주문, 피고인을 징역 8년 형에 처한다."

계부는 고개를 숙이고 어깨를 축 늘어뜨렸다.

다마루와 니시무라는 서로를 바라보며 가만히 고개를 끄덕였다. 그 옆에서 사토자키는 작게 승리의 포즈를 취했다.

재판장은 주문에 이어 이유를 설명했다. 요코 측의 주장이 전면 인정되었으며, 피고인의 동의를 한 성교였다는 주장은 전혀 인정되지 않았다. 여러 차례 주장을 변경하고, 모호한 설명을 반복한 계부의 증언은 신빙성이 없고, 반성하는 모습도 보이지 않는다며 엄하게 다스렸다.

한편으로 요코의 주장은 처음부터 일관성이 있었으며, 관계자의 증언을 통해 요코가 거짓말을 하고 있다는 피고의 주장은 인정할 수 없다고 결론지었다. 재판장은 요코 본인의 증언도 중

요시했지만 설명 속에서 여러 차례 다마루의 증언을 인용하며, 이해관계가 없는 제삼자인 다마루 증언의 중요성과 신뢰성에 대해 언급했다.

틀림없이 요코와 아동 상담소의 승리라고 할 수 있는 판결이었다. 사토자키는 재판장의 설명에 귀 기울이면서 몇 번이나 손으로 작은 승리의 포즈를 반복했다.

요코가 지금까지 해온 고생을 생각하면 만감이 교차했다. 요코가 일시 보호되었을 때부터 오늘에 이르기까지의 일들이 차례로 떠오르며 마음속 깊은 곳이 뜨거워졌다.

이 결과를 빨리 요코와 다쓰노 씨에게 전해 주고 싶었다. 세 사람은 같은 생각으로 재판장을 보고 있었다.

재판이 끝나고 다마루는 바로 하세베 과장에게 전화해서 판결 내용을 전달했다. 수화기로 사무실 사람들의 환호성이 들려왔다. 모두의 고생이 보답받는 순간이었다.

세 사람이 사무실로 돌아오자 하세베 과장이 큰 소리로 "수고했어!" 하고 외쳤다. 그리고 다른 직원들이 모두 박수로 맞아 주었다.

모든 직원이 각각 어려운 케이스를 담당하고 있다. 케이스 각각의 문제는 다르지만, 같은 방향을 보며 서로 돕는 아동 상담소 특유의 따뜻한 분위기가 사토자키는 좋았다. 아무리 어려운 케이스를 담당하더라도 혼자가 아니라고 생각되는 이 사무실의 분위기가 있기 때문에, 모두가 기죽지 않고 앞을 보고 나갈 수 있는 것이다.

"사토자키, 나 지금 요코한테 갈 건데 같이 갈래?"

"어쩌지……. 오늘은 안 갈래."

"어머, 왜?"

"음, 왠지 지금 요코를 만나면 울 것 같아서."

"아! 그러게. 사토자키는 삑삑 울 테니까. 알았어. 그럼 나 혼자 다녀올게."

"잘 다녀와. 요코한테도 안부 전해 줘."

한 시간 반 정도가 지나서 다마루가 사무실로 돌아왔다. 사토자키는 바로 다마루에게 물었다.

"어땠어? 요코 반응은?"

다마루는 꿍꿍이가 있는 듯 웃으며, 특유의 높은 구둣발 소리를 내면서 사토자키의 자리로 다가왔다.

"기뻐하더라. 그리고 이제야 마음이 놓이나 봐. 한동안은 계부가 밖에 못 나올 테니까."

"그래? 잘됐다. 다마루도 이제 한숨 돌리겠네."

"그러네. 물론 이거 말고도 해야 할 일이 많긴 하지만……. 이거 선물."

"뭐야?"

"초콜릿. 요코가 줬어. 직접 만든 거래."

"진짜로?"

"뭘 히죽거리고 있어. 자, 여기."

"정말 감사드립니다. 다마루님."

안을 들여다보니 리본이 달린 귀여운 상자와 봉투가 들어 있었다. 사토자키가 상자를 열자 손바닥만 한 크기의 하트 모양 초콜릿이 나왔다. 하트 위에는 알록달록한 가루가 흩뿌려져 있었다. 다마루와 니시무라, 그리고 미도리카와, 고토, 거기에 하세베 과장까지, 모두가 흥미로운 표정으로 초콜릿을 보러 왔다.

"우와, 엄청 예쁘네요. 사토자키 씨한테는 아까워요. 제가 먹어 드릴까요?"

"왜 니시무라 씨한테 줘야 해요?"

"그런데 정말 잘 만들었네. 니시무라 씨가 사토자키한테는 아깝다고 한 게 이해가 가. 그렇지? 고토."

"정말 정성이 가득해 보이네요오. 사토자키 씨 같은 사람한테 주기에는 너무 아깝죠오."

"제가 어때서요?"

"확실히, 아깝네. 아까워."

"아니 과장님까지 왜 그러세요! 다들 잘 모르시나 본데, 저하고 요코는 캐치볼이라는 강력한 끈으로 이어져 있다고요."

"뭐가 강력한 끈이에요. 인의 공 주제에."

"니시무라 씨, 그래도 내가 나이가 더 많은데 주제라니요?"

"자, 자, 진정하라고, 사토자키 씨. 멋진 선물도 받았으니까. 화낼 것 없어."

조금 멀찍이서 상황을 보고 있던 나카야마 계장이 어르듯 사토자키에게 말했다.

"화낸 거 아니에요! 어라, 이 봉투는 뭐지?"

"아! 그건 안 돼. 여기서는 보지 마!"

다마루가 서둘러 사토자키에게 말했다.

"어째서?"

"아무튼, 여기서는 안 돼! 보고 싶으면 밖에 있는 저 둑에라도 가서 봐."

"뭔데 여기서는 안 된다는 거야? 뭐 어때서."

"그렇게 말을 안 들으면 다시 뺏어가 버린다!"

"알았어. 밖에서 보면 되잖아. 둑에 가서 보면 되지?"

사토자키는 이유도 모른 채, 봉투를 손에 들고 사무소 뒤에 있는 둑으로 향했다. 석양이 산기슭으로 자취를 감추려 하고 있었다. 얼마 지나지 않아 선명한 색채를 빼앗길 세계가 마지막으로 혼신의 힘을 다해 그 몸을 붉게 물들이고 있는 듯했다. 사토자키는 오렌지빛 속에 녹아들어 계단을 올라 둑 위까지 갔다. 지는 석양을 바라보며 바닥에 앉아 봉투 입구에 붙은 스티커를 떼어 내고 안을 들여다봤다. 거기에는 한 장의 사진과 작은 메시지

카드가 들어 있었다. 카드를 꺼내자 앙증맞은 글씨가 눈에 들어왔다.

'저는 지금 굉장히 행복해요. 사토자키 선생님, 여러모로 정말 감사했습니다. 감사한 마음을 담아서 만든 초콜릿이에요. 또 언젠가 캐치볼 같이 해요.'

짧은 문장 안에 많은 생각이 담겨 있는 것처럼 느껴졌다.

처음 요코가 SOS 전화를 걸어 왔을 때가 선명하게 떠오르더니, 그동안 있었던 일이 주마등처럼 차례로 사토자키의 마음에 떠올랐다. 사토자키는 복받쳐 오르는 생각을 억누르면서 봉투에 들어 있던 사진을 꺼내 보았다.

사진을 본 순간, 사토자키는 강렬한 감동에 휩싸였다. 그곳에는 즐겁게 초콜릿을 만드는 요코와 다쓰노의 모습이 찍혀 있었다. 그 모습은 결코 위탁 부모와 위탁 아동이 아니었다. 누가 봐도 피가 이어진 진짜 모녀의 모습이었다. 태어났을 때부터 계속 어머니의 학대를 견디며 가혹한 운명에 농락당해 온 요코가, 드디어 정말 자신을 사랑해 줄 어머니를 만난 거라고 사토자키는 생각했다. 피가 이어지지 않아도 마음이 통한다면 진짜 부모와 자식이 될 수 있다는 것을 요코와 다쓰노가 증명해 주었다. 인간의 훌륭함을 증명해 준 것이다.

요코는 원하던 빛을 드디어 자신의 힘으로 손에 넣었다. 눈부신 빛 속에서 활짝 웃는 요코의 모습이 사토자키의 마음에 뚜렷하게 보였다.

사토자키는 눈물을 흘렸다. 여기서 힘내자. 여기가 좋다. 이일이 좋다. 사토자키는 그렇게 속으로 외쳤다.

중앙 어린이 가정 센터에 온 지 2년째, 다마루와 파트너가 되어 케이스를 맡게 된 그날부터 오늘까지의 사건이 사토자키의 온몸을 스쳐 지나갔다. 귀신 소동으로 시작된 가와우에 가족의 케이스. 태어난 지 얼마 안 돼 세상을 떠난 마코토의 케이스. 사회에서 멀어져 버린 많은 사람의 슬픈 드라마를 많이 봐 왔다. 그리고 세상이 무법자라고 하며 밀어내려는 이들 중 상당수가 사실은 자신과 아무런 차이가 없는 보통 사람이라는 것을 새삼 강하게 느꼈다.

어딘가에서 누군가가 그들에게 아주 사소한 손길이라도 뻗어 줬다면 그들의 삶은 크게 달라졌을지도 모른다. 작은 도움으로도 사람은 다시 사회와 연결될 수 있다. 그렇다면 나는 사회에서 벗어나 고통받는 사람들에게 달려가, 다시 한번 사회와 연결시켜 주는 사람이 되고 싶다. 사토자키는 그렇게 강하게 바랐다.

"왜 내가 여기서는 보지 말라고 했는지 이제 알겠어?"

"네, 잘 알았습니다. 최고의 선물이었습니다."

"그래. 그거 잘됐네. 그리고 이건 내가 주는 선물. 요코한테 허락받고 찍어온 거야. 요코는 의외로 마음에 든 모양이네."

그렇게 말하고 다마루는 한 장의 사진을 사토자키의 책상에 놓았다. 사진에는 귀엽게 꾸민 책상이 찍혀 있었다. 그리고 책상 위 책장 한가운데에는 한눈에도 직접 만든 티가 나는 정사각형 모양의 귀여운 쿠션이 놓여 있었는데, 그 쿠션 위에는 커다란 글씨로 '인의'라고 쓰여 있는 소프트볼이 올려져 있었다.

"요코는 정말 마음이 넓은 아이네. 저렇게 센스 없는 소프트볼을 올려 두려고 이렇게 귀여운 쿠션을 만들다니. 나였으면 바로 쓰레기통에 넣어 버렸을 텐데."

사진을 본 니시무라가 눈썹을 치켜올리면서 그렇게 중얼거렸다.

"아니, 사람이 모처럼 감동에 빠져 있는데, 어쩜 그렇게 차가운 말을 할 수 있어요?"

니시무라는 웃으며 자기 자리로 돌아갔다.

사토자키는 '인의' 소프트볼 사진을 책상 유리를 젖혀 가만히 놓았다. 그리고 그 사진 옆에는 요코와 다쓰노가 웃고 있는 사진을 놓고, 가만히 책상 유리를 덮었다. 시마 계장이 사토자키의 어깨를 두드리며, "좋은 사진이네." 하고 웃는 얼굴로 말했다. 사토자키는 부드러운 표정을 지으며 깊이 고개를 끄덕였다.

그 모습을 하세베 과장이 상냥한 눈빛으로 바라보았다.

가장 가혹하고 가장 감동적인 일터. 아동 상담소를 표현하는 데 이보다 알맞은 말은 없다고 사토자키는 생각했다. 어린이의 생명이 달려 있어 단 한순간도 마음을 놓을 수 없는 일터라는 것

역시 틀림없다. 조금이라도 판단을 잘못하면 어린이의 목숨을 어이없이 잃고 만다. 하지만 동시에 그런 괴롭고 무거운 마음을 날려 버릴 정도로 커다란 감동을 주는 일터라는 것도 틀림없는 사실이다.

여기서 힘을 내자. 이런 훌륭한 동료들과 함께, 힘이 닿는 한.

지금 이 순간도 어딘가에서 빛을 구하며 괴로워하고 있는 어린이와 그 부모가 있을 것이다. 그들이 있는 곳으로 달려가, 다시 그들을 비춰 줄 빛나는 빛을 향해서 함께 달리고 싶다. 사토자키는 웃고 있는 요코의 사진을 바라보며 마음을 다잡았다.

태양이 서쪽 산기슭으로 숨으려 하고 있었다. 모습을 감추기 전에 석양이 뿜어내는 맑은 오렌지빛이 하늘을 가득 채우고 있었다. 그 빛은 내일의 눈부신 아침을 약속하는 듯 아름다웠다.

끝맺는 말 🖊

    최근 들어 아동 상담소를 둘러싼 환경은 크게 변화했다.

    계속 늘어나는 아동 학대에 아동 상담소가 한계를 넘은 대응을 하는 날들이 꽤 오래 지속돼 왔다. 이런 상황을 심각하게 받아들인 당국은 2016년 아동 복지법 개정과 그에 따른 아동 상담소 운영 지침을 크게 개정하여, 아동 상담소는 주로 일시 보호를 동반한 위중한 사례를 중심으로 대응하고, 그 외의 학대 사례는 시·정·촌(일본의 기초자치단체)이 중심이 되어 대응하도록 하였다. 이는 아동 상담소가 맡아온 많은 부분을 시·정·촌이 부담하는 것으로, 커다란 변혁이라고 할 수 있다.

    이번 법 개정 이전부터 아동 학대의 일차적 상담 창구는 시·정·촌이 맡아 왔지만, 정부나 도·도·부·현(일본의 광역자치단체)이 각종 업무를 시·정·촌에 계속 사무 위임을 하는 상황에, 시·정·촌이 아동 학대의 1차 상담 창구로서 그 임무를 다하기 위해서 인적 상담 체제를 조정하는 것은 극히 어려운 일이었다.

    따라서 이번에 있었던 커다란 개정에 대한 시·정·촌의 곤혹

스러움은 쉽게 상상할 수 있을 것이다. 법의 틀이 정착하기 위해서는 일정 시간이 필요하지 않을까.

이런 사회 상황을 고려하면, 이번에 그려 낸 소설의 내용은 이제까지의 아동 상담소 케이스워커에 대한 향수라고 할 수 있겠다.

이번 작품에서 그려 내고 싶었던 것은 두 가지 문제에 대해서다.

하나는 주민표를 옮기지 않고 아이를 데리고 전국을 전전하는 가정에 대해서다. 여러 사정을 안고, 행정이나 학교 등이 알아채지 못하도록 지역 사회에서 숨죽이고 지내는 가정이 우리 주변에도 존재한다. 그런 가정에서는 빈곤에 시달리면서, 열악한 환경에서의 생활을 강요당하는 어린이들이 마음껏 목소리도 내지 못하고 간신히 겨우겨우 목숨을 유지하는 경우도 있다.

다른 하나는, 성 학대에 대해서다(작품 집필 때부터 법이 개정되어 강간죄는 강제 성교 등의 죄로 바뀌면서 친고죄가 아니게 되었다). 이전에 비하면 성 학대가 발각되는 경우가 많아졌다고 하지만, 여전히 누구에게도 상담하지 못하고 매일 비열한 성폭력에 괴로워하는 아이들도 많다. 이 내용을 다룬 이유는, 성 학대가 얼마나 비열하기 짝이 없는 범죄인지, 피해 아동의 마음에 어디까지 심하게 상처를 입히는지, 이 범죄에 대응하면서 피해 아동에게 얼마나 신중하면서도 세심한 배려가 필요한지, 그리고 사건화하면 얼마나 많은 곤란한 문제에 직면하게 되는지를 가능한 한 많은 사람이 알아주길 바랐기 때문이다.

이번 작품도 될 수 있는 한 현장의 대응을 충실히 묘사하려고 애썼다. 다만, 소설이라는 틀을 활용하는 만큼, 잘 읽혀야 한다는 점도 고려해야 했고 스피드 있는 전개에도 신경을 써야 했다. 예를 들어 가택 수색을 할 때, 현재는 예전과 다르게 가정재판소를 거쳐야 한다. 수색 대상 가정에는 미리 방문해야 하는데, 면회를 할 수 없는 경우나 가택 수색을 거부하는 경우에는 가정재판소에 해당 가정의 임검 승인을 요청한다. 승인을 받은 다음에야 상대의 허락을 받지 않고 가정에 들어갈 수 있는 것이다. 그러나 이번 책에서도 다뤘듯이 신생아의 생명이 달린 방임 가정을 가택 수색하는데 가정재판소의 승인을 기다릴 여유가 있느냐고 묻는다면 할 말이 없다.

일반 독자 여러분께 아동 상담소 직원이 가혹한 업무 속에서도 초조한 마음을 억누르면서 이렇게 사법 절차를 진행한다는 사실을 알리고 싶다.

나는 앞으로도 바뀌어 갈 아동 상담소의 모습을 지켜볼 것이다. 그리고 이번 법 개정을 통해 현장이 조금이라도 개선되는 방향으로 가는지 주의 깊게 살필 것이다. 무엇보다도 괴로워하고 있을 아이들이 더 나은 미래를 맞이할 수 있도록 바뀌어 가기를 바란다.

안도 사토시

아동 학대를 당하는 아이를 접하면, 세상은 그 부정의한 상황에 출동해서 척척 해결하는 '영웅'을 바란다. 그렇지만 실제 그 사건에 뛰어드는 이는 대단한 능력자가 아니라 묵묵히 학대 피해 현장에서 그 역할을 감당하는 사람들이다. 귀찮고 힘들지만 '으쌰! 한 번 더' 엉덩이를 떼고 진짜 무슨 일이 있었는지 알아보려는 사람, 그렇게까지 안 해도 되는데도 산더미 같은 서류를 꾸역꾸역 뒤적이며 한 번 더 들여다보는 사람을 통해 꼭꼭 숨겨진 사건의 실체가 세상에 나온다.

이 책은 그 현장에서 고군분투하는 평범한 사람들의 작은 노력이 학대 피해 아동과 그 주변 사람의 인생을 얼마나 달라지게 하는지 생생히 보여 준다.

우리나라도 20년 넘게 아동보호전문기관을 중심으로 이어 온 아동 학대 대응 제도가 2022년 큰 변화를 맞았다. 아동 학대 업무를 민간에 맡겨 두지만 말고 나라가 직접 하도록 바꾼 것이다. 아동보호전문기관의 직원이 민간 법인 소속이다보니, 공권력이 투입되어야 하는 아동 학대 사건을 만났을 때 개입에 한계와 어려움이 있었다.

이제는 아동 학대 현장에 출동하고 조사하는 업무를 시·군·구청의 공무원(아동 학대 전담공무원)이 담당하고, 아동보호전문기관은 학대 이후 사례 지원에 집중하도록 업무를 조정했다. 시설에서 생활하는 아동이나 입양이 필요한 아동처럼 특별히 더 들여다볼 필요가 있는 상황의 아동을 위해 아동보호전담요원 제도를 도입하기도 했다.

아직 과도기라 현장의 실무가 복잡하긴 하다. 학대 피해 아동이 만나야 하는 관계자도 예전보다 많아졌다. 아동 학대를 들여다보는 사람이 시·군·구청이나 아동보호전문기관에만 있는 것이 아니라, 수사기관에도 있기 때문이다. 아동의 진술을 돕는 진술 조력인, 신뢰 관계인이라는 이름으로 법률지원을 하는 피해자 국선 변호인도 아동 학대 사건에 개입한다. 최근 교권보호 판단 관련 법과 지침이 바뀌면서 교사에 의한 아동 학대의 경우에는 학교나 교육청에서 일하는 사람이 절차에 참여하기도 한다. 제도는 꿈틀꿈틀 변하는 중이다.

아동 학대 사건이 여러 사람을 거치며 더디게 진행될 때 변하지 않는 사실이 있다. 그 시간 동안 아이는 날마다 자란다는 것이다. 일본의 '아동 상담소'뿐 아니라 우리나라 곳곳에서도 날마다 자라나는 그 아이를 찾아 돕는 사람들이 있다.

이 책은 '아동 최상의 이익'을 위해 오늘도 바삐 움직이는 사람들을 묵묵히 따라간다. 그 작은 힘이 모여 펼치는 희망의 여정을 읽으며 함께 응원하면 어떨까.

장애인권법센터 변호사

김예원